Dierk Heerwagen

Unterwegs im Naturpark Märkische Schweiz

Die schönsten Wander- und Radtouren

hendrik **Bäßler** verlag · berlin

Bildnachweis: Hendrik Bäßler, Berlin S. 8, 9, 10, 15, 16, 20, 21, 22, 23, 36, 37, 38, 39, 42, 48, 49, 58, 63, 65, 66, 71, 74, 77 · Ulf Böttcher, Potsdam S. 24, 68, 78 · Jürgen Diedrich, Hannover S. 30 · Peter Engelhardt, Gusow S. 72 · Archiv Fremdenverkehrsamt Märkische Schweiz S. 18, 29, 44 · Frank Geißler, Müncheberg S. 56, 60 · Hartmut Gräfenhahn, Berlin S. 4, 26, 45, 69 · Dierk Heerwagen, Berlin S. 5, 33, · Stefan Meyers, Chemnitz S. 12 · Christian Naffin, Berlin S. 28 · Schloß Reichenow S. 75 · Waldschule Alte Mühle, Müncheberg S. 52

Autor und Verlag danken Frank Geißler, Müncheberg, André Jander, Müncheberg, Alfred Effert, Altfriedland und dem Fremdenverkehrsamt Märkische Schweiz für die hilfreiche Unterstützung.

Autor und Verlag haben sich bemüht, auch in dieser schnellebigen Zeit, dem Leser die neuesten Informationen zu vermitteln. Sollte die eine oder andere Angabe im Buch jedoch nicht dem aktuellen Stand entsprechen, so bitten wir dies zu entschuldigen.
Für Berichtigungshinweise ist der Verlag stets dankbar.

Die Deutsche Bibliothek – CIP-Einheitsaufnahme
Heerwagen, Dierk:
Unterwegs im Naturpark Märkische Schweiz : die schönsten
Wander- und Radtouren / Dierk Heerwagen. –
Berlin : Bäßler, 2001
ISBN 3-930388-21-9

Fon: 030.24 085 856 · Fax: 030.24 92 653
E-Mail: Hendrik.Baessler@t-online.de
Internet: www.baesslerverlag.de

Satz, Karten- und Umschlaggestaltung: Hendrik Bäßler, Berlin
Reproduktionen: IGS, Berlin
Gesamtherstellung: Druckerei Schlüter, Schönebeck/Elbe
ISBN 3-930388-21-9

Der Inhalt im Überblick

Einleitung

Kehlen sind typische Landschaftsformen in der Märkischen Schweiz

Das Gebiet des Naturparks Märkische Schweiz ist wohl ohne Zweifel eine der schönsten Gegenden in der Nähe Berlins – ja in ganz Brandenburg – und gehört zu den herausragenden Naturräumen in Norddeutschland. Wald- und Seenlandschaften sind im Umfeld der deutschen Hauptstadt keine Seltenheit, aber hier ist die Natur besonders verschwenderisch mit glitzerndem Wasser, bewaldeten Höhen, schmalen Schluchten und herrlichen alten Wäldern umgegangen. Nicht unwesentlich zum Reiz dieser Region hat aber auch der Wechsel zwischen Seen, Hügeln, Tälern, und der umgebenden, offenen Feldmark mit ihren alten Dörfern, beigetragen.

Der Naturpark ist daher mehr als nur die unmittelbare Umgebung des Städtchens Buckow. Oft wird behauptet erst Theodor Fontane, der märkische „Dichterfürst" hätte die Märkische Schweiz entdeckt, ohne ihn wäre alles noch immer nur ein bißchen „Gegend". Zweifellos war Fontane zu seiner Zeit eine Institution was das Reisen betraf. Wo er war, was er beschrieb, mußte man – und das betraf besonders die Berliner – gesehen haben. Aber im Gegensatz zu anderen Landstrichen der Mark kamen viele, einmal dagewesen, immer wieder. Zuerst mit der Kutsche, dann mit der Bahn und später mit dem Auto.

Es muß also etwas Besonderes sein, dieses Fleckchen Brandenburg.

Herbststimmung zwischen Münchehofe und Buckow

Es gibt wohl kaum eine bessere Möglichkeit das Herausragende zu entdecken als zu Fuß oder per Rad. Oft schon nach wenigen hundert Metern herrscht Stille, sind die Laute der Natur die einzigen Begleiter. Diese Vorzüge haben schon immer Künstler und Literaten geschätzt. So begegnet uns mit der Märkischen Schweiz auch eine deutsche Dichterlandschaft. Neben dem schon erwähnten Theodor Fontane waren auch Bertolt Brecht und die Romantiker Joseph Eichendorff und Adalbert von Chamisso mit dieser Gegend verbunden. Diese Tradition besteht bis in die Gegenwart fort.

In der Märkischen Schweiz häufig vorkommende poetische Ortsbezeichnungen wie Silberkehle, Wolfsschlucht, Hölle, Elysium sollen auf die Romantiker zurückgehen.

Folgen Sie also mit dem kleinen Büchlein in der Hand, den Spuren des Eises, das diese Landschaft geprägt hat, den Spuren der Menschen, die in Jahrhunderten Dörfer, Städtchen, Felder, Gärten und Mühlen hinterlassen haben, aber auch den Spuren der Dichter. Damit soll auch die eigene Entdeckerlust angeregt werden, um so manches Mal Überraschendes am Wegesrand in den „Brandenburger Bergen" zu finden.

Wie entstand die Landschaft der Märkischen Schweiz?

Im Gebiet Brandenburgs sind in 600 000 Jahren 3 Eiszeiten im Wechsel mit Warmzeiten feststellbar: die Saale-, die Elster- und die Weichseleiszeit.

Beim Durchstreifen unseres Wandergebietes stellt sich oft die Frage, wie dieses Kunstwerk der Natur entstanden ist. Hier und da geben Hinweistafeln Auskunft, doch es fällt oft schwer nachzuvollziehen, welche Auswirkungen die Kraft des Eises auf die Landschaftsgestaltung hatte. Gletscher waren es von kaum vorstellbarer Größe, die das Relief herausmodellierten. Blickt man sich um, so begegnen einem überall Zeugen der Eiszeit und der Zeit des Rückschmelzens des Eises auf engstem Raum.

Etwas vereinfacht lassen sich die Prozesse folgendermaßen darstellen. In Norddeutschland wurden insgesamt drei große Vereisungen gezählt, zwischen denen Warmzeiten lagen. Von diesen hatte die letzte, die Weichseleiszeit (vor etwa 70 000–10 000 Jahren), die entscheidenden Auswirkungen auf unser Wandergebiet. Riesige Gletscher (manche mehr als 1000 Meter mächtig) hatten sich von Skandinavien kommend über das hügelige Land geschoben. Dabei sowie bei dem darauf folgenden Rückschmelzen entstand ein Formenschatz (glaziale Serie), der sich aus Grundmoräne, Endmoräne, Sander und Urstromtal zusammensetzt. Die Eisströme aus dem Norden rissen gewaltige Schutt-, Gesteins- und Erdmassen mit, die sich unsortiert beim Abtauen ablagerten. Heute sehen wir diese Sedimente zumeist als flachwellige bis kuppige Ebenen auf denen Ackerbau vorherrscht. Im Naturpark sind das die Regionen um Ringwalde, Ihlow, Grunow, Hasenholz im Norden (Barnimhochfläche) und Hermersdorf, Münchehofe im Südosten (Lebuser Hochfläche).

Die Ablagerungen durch das Eis sind bis zu 70 m dick. Dabei herrschen vor allem der graue Granit und der rosarote Feldspat vor.

Neben kleinen Steinen sind besonders die großen Brocken, die Findlinge, interessant. Sie zeugen eindrucksvoll von der Kraft des Eises. Beim Roden der Wälder durch unsere Vorfahren kamen auf den Ackerflächen die skandinavischen Steine immer wieder zum Vorschein, daher der Name Feldsteine. Sie dienten als Baumaterial für die Feldsteinkirchen, für die Wohnhäuser, aber auch als Straßenbelag. Am Rande eines Eisvorstoßes und bei dem einsetzenden Abtauen bildeten sich größere Hügel aus Gesteinen und feinem Material (zum Teil zusammengeschoben), die sogenannten Endmoränen. Diese sind sicher die markantesten Reliefformen der eiszeitlichen Serie. Nördlich des Schermützelsees und südlich des Großen Klobichsees sind sie gut zu sehen. Mit 129 Metern (Großer Krugberg) erreichen sie beachtliche Höhen und bilden sozusagen die „Alpen" unserer Schweiz.

Ein Zeugnis dieser Riesensteine (Findlinge) liegt am Dachsberg – 5 m lang, 2 m breit und 2,5 m hoch.

Aus skandinavischen Steinen besteht auch das „berüchtigte" Buckower Straßenpflaster.

Riesige Wassermassen waren das Ergebnis des immer stärker einsetzenden Abschmelzen des Eises. So bildeten sich Urstromtäler, breite Flußtäler, die parallel zum Eisrand verliefen, denn nach Norden versperrte das Eis den Weg, nach Süden stieg das Gelände an. Eine dieser Abflußbahnen des Wassers ist die so genannte Buckower Rinne, die auf 30 km Länge und 2–6 km Breite die Barnimer und Lebuser Hochfläche zerschneidet. Sie bildet sozusagen das Herzstück der Märkischen Schweiz. Dieser Talzug verläuft von Nordost nach Südwest und umfaßt die heute so gern besuchten Steilhänge und Seen zwischen Eichendorfer Mühle und Buckow. Auf einen letzten Teil der eiszeitlichen Abfolge sei noch kurz verwiesen, die Sander. Wie der Name es vermuten läßt, meist aus Sand und anderen feinen Bestandteilen bestehend, die das Schmelzwasser aus der Grund- und Endmoräne ausgewaschen hat. Sie sind heute südlich von Grunow, westlich von Bollersdorf, westlich des Schermützelsees und im Roten Luch zu sehen.

Die Buckower Rinne wird in 3 Landschaftsräume unterteilt: das Niedermoor Rotes Luch, der seenreiche Buckower Kessel und das Stobbertal.

Doch nicht nur die unmittelbare Kraft des Eises war für unser Wandergebiet prägend, sondern auch die Zeit danach, als es um Buckow aussah wie heute im nördlichen Sibirien. Eine wichtige Rolle spielte das so genannte Toteis. Das waren verschüttete Reste der Gletscher, die noch Jahrtausende unter Sand und Ton lagen und nur unendlich langsam auftauten. Beim Auftauen

Die Toteishohlformen erlangen mit dem Schermützelsee eine solche Größe, daß die Landschaft im Gesamten als Buckower Kessel bezeichnet wird.

Winter im Stobbertal

In Richtung Hoppegarten fließt der Stobber über die Spree, Havel und Elbe in die Nordsee. In Richtung Oderbruch in die Oder und damit in die Ostsee.

entstanden Hohlformen (meist runde Kessel) aus denen Seen, Pfühle, Moore und ein übersichtliches Gewässernetz hervorgingen. Gerade letzteres veränderte sich auch danach ständig, wie etwa der Stobber zeigt. Dieser reizvolle Bach, von Hoppegarten bei Müncheberg bis Altfriedland im Oderbruch verlaufend, ist ein Kuriosum. Er schuf sich im Laufe der Jahrtausende durch Veränderung der Fließrichtung selbst eine Wasserscheide im Roten Luch. Einen seiner Arme schickt er in die Oder den anderen in Richtung der Spree. Somit ist er die Wasserscheide zwischen Nord- und Ostsee und das noch dazu in einem Talkessel. Unter den nacheiszeitlichen Klimabedingungen und bei noch fehlender Pflanzendecke wurde Sand zu Dünen aufgeweht, ähnlich wie wir es heute an Nord- und Ostsee sehen. In der Nähe von Münchehofe können wir sie auf unseren Wanderungen entdecken. Sie dienten schon unseren Vorfahren als trockene Rastplätze im sonst eher feuchten Gebiet.

Blick vom Panoramaweg auf den Schermützelsee

Eine weitere Besonderheit, die es so zahlreich und ausgeprägt in Norddeutschland nur selten gibt, muß erwähnt werden, die Kehlen und Schluchten. Vor allem bei Buckow sind sie ständige Erscheinungen. Sie haben vermutlich Herrn Fontane dazu verleitet, das Gebiet mit den Mittelgebirgen Harz und Thüringer Wald zu vergleichen. Bis über 100 Meter messen die Höhenunterschiede. Heiße Sommertage fordern bei Wanderern ihren Tribut und manchen stillen Fluch von Brandenburg-Neulingen ob der angeblich völlig ebenen Streusandbüchse. Lange glaubte man an tektonische Bewegungen die zu deren Entstehung führten, sie sind jedoch auch ein Resultat der Eiszeit. Wassermassen des auftauenden Eises flossen über den noch gefrorenen Boden ab, sie konnten nicht versickern und waren zur Erosion gezwungen. Diese führte zur Bildung von Tälern, die aber heute nicht mehr von Wasser durchflossen werden, den Trockentälern. Eine Rolle spielten dabei auch unterirdische Auswaschungen und ein späteres Einstürzen der Erdoberfläche. Vieles wäre noch zu erläutern, exakter zu klären, doch am besten ist es selbst auf Spurensuche der eiszeitlichen Naturgewalten zu gehen. In den nachfolgend beschriebenen Wanderungen werden Hinweise auf diesen Formenschatz gegeben, der auf engstem Raum unsere „Schweiz" geprägt hat.

Die bekanntesten Trockentäler sind die Buchen- und Drachenkehle sowie die Wolfs- und Silberschlucht.

Vorbild für den Namen Schweiz war das Schweizer Mittelland um Bern und Zürich.

Der Naturpark – Entstehung und Aufgaben

Das Land Brandenburg besitzt mit 11 Naturparks, 3 Biosphärenreservaten und einem Nationalpark eine der größten Schutzgebietsflächen in Deutschland (mehr als 1/3 der Landesfläche).

Zu allen Zeiten hat der Mensch versucht, sich die Natur nutzbar zu machen. Er veränderte sie dabei massiv, und wie wir heute feststellen müssen, oft nicht immer im Einklang mit dieser. So führt die Einschränkung der natürlichen Lebensbedingungen von Flora und Fauna unweigerlich zu einer Verringerung unserer eigenen Lebensqualität. Auch wir sind eben nur ein Teil der Natur.

Auch die scheinbare Idylle in der Märkischen Schweiz blieb davon nicht unberührt. Die Ursachen sind vielfältig. Immer mehr Gäste kamen – nicht zuletzt durch die Entwicklung neuer schnellerer Fortbewegungsmittel – und beanspruchten einen Teil der Natur. Aber auch extensive Holznutzung, Überdüngung der Felder, konzentrierte Viehwirtschaft, großflächige Melioration, Bebauung und Versiegelung der Landschaft u. v. a. trugen und tragen dazu wesentlich bei.

Der sorgsame Umgang mit unseren natürlichen Schätzen, der Erhalt und die teilweise Wiederherstellung der Naturlandschaften ist eine Pflicht. Nicht zuletzt kann damit auch das wachsende Bedürfnis nach gesunder, ruhiger, erlebnisspendender Natur für die Erholung erfüllt werden. Schon im Jahr 1957 wurde das Buckower Wald- und Seengebiet auf einer Fläche von 40 km^2 zum Landschaftsschutzgebiet erklärt. Daraus ging dann am 1. Oktober 1990 der Naturpark Märkische Schweiz hervor. Er ist einer von inzwischen 11 Naturparks im Land Brandenburg. Im „Amtsdeutsch" sind das großräumige, einheitlich zu entwickelnde und zu pflegende Gebiete, die überwiegend Landschafts-

und Naturschutzgebiete sind und sich als naturnaher Landschaftsraum oder historisch gewachsene Kulturlandschaft für die naturverträgliche Erholung besonders eignen.

Was gibt es nun in diesem Naturpark besonders zu entwickeln und zu pflegen? Dazu erst einmal etwas Statistik. 205 km^2 mißt das Schutzgebiet, in ihm liegen 24 Ortschaften mit ca. 7 500 Einwohnern. 950 Farn- und Blütenpflanzenarten, 246 Vogelarten, 13 Fledermausarten, 129 Schnecken- und Muschelarten sowie 53 Libellenarten sind bisher nachgewiesen. Hier finden viele im Bestand bedrohte Arten, wie See- und Fischadler, Eisvogel, Schwarzstorch, Waldwasserläufer, Waldkauz, Europäische Sumpfschildkröte, Steinbeißer, Bitterling, Schmerle ihren Lebensraum. Hier blühen Leberblümchen, Lerchensporn, Sumpfsitter, Sonnentau, die Weiße Waldhyazinthe, das Große Zweiblatt. Die Liste ließe sich noch beliebig fortsetzen, aber auch auf die reichen Reh- und Schwarzwildvorkommen sei hingewiesen. Als Besonderheiten haben sich in den letzten Jahren der Waschbär, der Marderhund und der Mink verbreitet (nicht sehr zur Freude der Naturschützer und Jäger). Für den Schutz der seltenen Tier- und Pflanzenwelt sind im Naturpark sozusagen als Kerngebiet 6 Naturschutzgebiete ausgewiesen. (sogenannte Schutzzone II). Ca. 30 % der Gesamtfläche sind bewaldet, wobei der Anteil von etwas über 50 % Nadelwald zugunsten eines Laub-Mischwaldes zurückgedrängt werden soll. Neben der Märkischen Kiefer kommen am häufigsten Robinie, Birke, Erle, Eiche und Buche aber auch Ulme und Ahorn vor.

Die 6 Naturschutzgebiete mit ca. 18,5 ha sind das Stobbertal zwischen Buckow und Karlsdorf, der Klobichsee, der Gartzsee und der Tiergarten bei Waldsieversdorf, das Ruhlsdorfer Bruch bei Garzin und der Große Schlagenthiensee bei Müncheberg.

Nicht vergessen sollte man aber die vielen kleinen Ortschaften mit ihren Feldsteinkirchen, Dorfteichen und alten Gutshäusern, die weiten Ackerlandschaften, die Streuobstwiesen, die Feldwege und Feldraine, denn das Schutzgebiet ist auch eine Kulturlandschaft, die über Jahrhunderte gewachsen ist und erhalten werden soll auch gerade für die Menschen, die in ihr leben. All dies in Einheit bildet die Märkische Schweiz mit ihren Reizen, die man erwandern muß. Wer sich genauer über die Aufgaben, Ziele und Entwicklungen des Naturparks

Das Besucherinformationszentrum befindet sich in Buckow, Lindenstraße 33 ✆ 033433/158 41 und hat Mo–So von 10–16 Uhr in der Saison Sa/So 10–18 Uhr

Neben Rehwild- und Rotwildbeständen gibt es im Naturpark Märkische Schweiz auch vereinzelt Exemplare von Damwild

geöffnet. Hier werden auch geführte Wanderungen angeboten.

informieren will, dem sei das Besucherinformationszentrum sehr empfohlen. Auf dem Gelände des ehemaligen Schweizer Hauses in Buckow, welches im Jahre 2000 eröffnet wurde, informiert es detailliert in 6 Ausstellungseinheiten auf 200 m² Ausstellungsfläche.

Hier noch ein Hinweis: In dem zum Naturpark gehörenden Dörfchen Julianenhof hat die Naturparkverwaltung und eine Arbeitsfördergesellschaft einen der größten Eiskeller in Brandenburg saniert. Neben der Bewahrung eines Stücks Kulturgeschichte, soll der Eiskeller Fledermäusen zur Überwinterung dienen. Eine Ausstellung im Eiskeller, die nur zur Zeit des Winterquartiers der Fledermäuse ihre Pforten schließt, informiert ausführlich über die Zeiten, als Kühlung noch nicht aus der Steckdose kam (→ Öffnungszeiten: Mai–Sept. nach Voranmeldung ✆ 033433/ 15 846).

Von den ersten Siedlern zum Kneippkurort Buckow

Bevor wir uns auf Wanderung begeben noch einige kurze Informationen zur Geschichte der Region.

Fischreiche Seen, wildreiche Wälder boten schon sehr früh den Menschen sichere Lebensgrundlage. Älteste Funde (Feuersteingeräte) wurden bis zu 10 000 Jahre zurückdatiert. Auch aus der Bronzezeit gibt es zahlreiche Fundstücke, u. a. auf dem Werder, dem hügeligen Gebiet zwischen Buckow- und Schermützelsee. Pfahlbaureste im See gaben bei ihrer Entdeckung einer alten Sage über eine versunkene Stadt neue Nahrung.

Durch einen Fluch soll die Stadt in einer Nacht spurlos im See versunken sein. So man reinen Herzens ist, soll man noch heute Häuser sehen und die Glocken hören.

Später lebten in der Gegend Germanen, die allerdings mit der Völkerwanderung nach Süden zogen und damit Platz für die etwa ab 600 nachrückenden Slawen machten. Orstendungen auf -ow und -in deuten auf deren Siedlungstätigkeit hin. Auch Buckow, der Hauptort selbst ist eine solche Gründung und läßt sich mit „Buchenort" übersetzen. Immer wieder wechselte die Gegend ihren Besitzer, bis sie um 1220 an die Wettiner kam, die zum Schutze des Landes Lebus hier eine Burg errichteten. Deutsche siedelten sich an und nach 1225 schlesische Mönche, deren Hauptort erst Müncheberg und ab 1253 Buckow wurde.

1225 erhielt das Schlesische Kloster Leubus das Gebiet der Märkischen Schweiz. Es gründete den Marktort Leubus, der aber bald Mönichberch genannt wurde (heute Müncheberg).

Das Siedlungsbild änderte sich immer rascher. Es wurden die Wälder gerodet, Dörfer angelegt und Hopfen angebaut. Letzterer sollte über Jahrhunderte die Wirtschaft prägen. Die Mönche hatten die Pflanzen mitgebracht und sie gediehen hier – wie alte Quellen berichten – selten gut für diese Breitengrade. Die Stadt Buckow und die Umgegend lebten vom Hopfen und seinem Produkt, dem Bier. Das war damals ein Grundnahrungsmittel, das zu jeder Tages- und Nachtzeit getrunken wurde. Bei Festlichkeiten floß es in Strömen. Im

Buckower Bier wurde in 39 Dörfer der Umgebung geliefert. Die Braupfanne war im Besitz der Mönche und wurde gegen Entgeld verliehen.

Laufe des 17. und 18. Jahrhunderts ging diese Einnahmequelle jedoch immer mehr zurück. Die Ursachen dafür waren vielfältig. So wollten viele Herren, wie auch die Kirche daran verdienen, Söldner der Kriegszüge zerstörten die Plantagen, Feuersbrünste, die Pest und der eingeschleppte Mehltau bedeuteten das Ende von „Hoppen-Buckow".

Im östlichen Randgebiet der Märkischen Schweiz waren andere Wirtschaftszweige Quellen des Wohlstandes. In Altfriedland, das seinen Aufschwung dem 1250 gegründeten Zisterzienser-Nonnenkloster verdankte, wurde vorwiegend Fischerei und Landwirtschaft betrieben. Buckow – seit 1416 Stadt und ab dem 15. Jahrhundert brandenburgisch – versuchte nach dem Niedergang neue Einkommensquellen zu erschließen. Tuchmacherei, Wollweberei, Seidenraupenzucht, Braunkohlebergbau, Rosenzucht, ja sogar Pilz- und Blutegelsammelei, es gab nichts was man nicht versuchte. Einzig die Rosenzucht brachte einen bescheidenen Wohlstand. Mitte des 19. Jahrhunderts pflanzte man entlang der Straßenfronten Rosenstöcke und „Rosenbuckow" – so bald der Beiname – belieferte sogar die königlichen Gärten in Berlin. Die alljährlich im Juni stattfindenden Rosentage und die Rose zwischen den Hopfenranken im Buckower Stadtwappen erinnern noch heute an die Zeit als die Königin der Blumen aus Buckow kam.

Die Fischerei ist im ältesten Ortsteil von Altfriedland, dem Kietz, seit der Zeit der slawischen Besiedlung ansässig. Man sprach bis zur Mitte des 19. Jh. von der Kiez- oder Wendenfischerei.

Doch große Reichtümer blieben den meisten Einwohnern versagt, der Ort blieb lange Zeit ein armes, vergessenes Städtchen. Wie es dann erst in den umliegenden kleinen Dörfern aussah, kann sich wohl jeder vorstellen. Nicht ganz unschuldig an diesem Aschenputteldasein war auch die Familie von Flemming. Ende des 17. Jahrhunderts erhielt sie das Land als Lehen. Sie behielten die Oberhoheit bis 1911. Die Flemmings nahmen sich im Laufe der Zeit die Polizeigewalt, verboten das Hüten des Viehs in den Wäldern und die Holzentnahme, und griffen auch schon mal nach der Gemeindekasse.

Immer wieder gerieten die Buckower mit den Grafen von Flemming in Streit, der zum Teil mit Waffen, der Faust oder aber auch vor Gericht ausgetragen wurde.

In der zweiten Hälfte des 19. Jahrhunderts aber begann die „Erfolgsstory" von Buckow und der Märkischen Schweiz. Mehrere Ereignisse trafen dabei aufeinander. In den Städten wandten sich Menschen dem Ländlichen, der Natur, der Naturphilosophie zu – die Romantiker waren geboren. Lange vor Fontane dichtete Chamisso volkstümliche Verse bei seinen Aufenthalten im Ort, besuchte Eichendorff seine Familie in der Eichendorfer Mühle, nur wenige Kilometer östlich. Dann „wanderte" Fontane durch die Landschaft – was er übrigens nur ungern wirklich zu Fuß machte – und verlieh Buckow modischen Reiz, entdeckte „ländliche Schönheit". Auch der Leibarzt König Friedrich Wilhelm IV. erkannte 1854 das hier herrschende heilsame Klima und empfahl es seinem Herren mit den Worten: „Majestät in Buckow geht die Lunge auf Samt". Ein Slogan, den heutige Werbeagenturen nicht besser erfinden könnten, und der noch immer fast jedes Prospekt der Region ziert.

Die hervorragenden bioklimatischen und lufthygienischen Bedingungen Buckows wurden 2000 durch ein Gutachten des Deutschen Wetterdienstes bestätigt.

Buckower Marktplatz

Der Bau der Bahnlinie Berlin–Küstrin (1865) sowie der Kleinbahnanschluß (1897) machten die Gegend gut erreichbar. Nicht zuletzt die Einrichtung eines Postamtes durch einen der berühmtesten Jagdgäste, Generalfeldpostmeister von Stephan, machte den Anschluß an die große Welt perfekt. Um die Jahrhundertwende bis zum Ende der 20-er Jahre entstand die kurörtliche Infrastruktur, mit dem Lunapark, dem Strandbad, der Warmbadeanstalt, dem vielfältigen Netz der Wanderwege sowie den Ausflugsgaststätten, von der die Stadt noch heute profitiert. 1928 verzeichnete Bad Buckow 80 000 Übernachtungen, mehr als alle anderen Kurorte in der Mark. Heilmittel waren die Natur, Luft, Wald, Wasser sowie „Duschen und Bäder aller Art". Einen Bruch brachten die 30-er Jahre, mit der „Kraft durch Freude"-Bewegung, Naziideologie und dem ersten Massenansturm. Nach dem Zusammenbruch 1945 ging es in den 50-er Jahren langsam wieder aufwärts. Wieder war es ein berühmter Besucher, der für Aufschwung sorgte, diesmal Bertolt Brecht. 1952 kam er erstmals und dann bis zu seinem Tod im Jahr 1956 regelmäßig im Sommer

Heinz Rühmann, Max Schmehling, Egon Erwin Kisch u. v. a. weilten zur Erholung in Buckow.

Die priviligierte, durch lockere Lebensweise auffallende Brechtfamilie, wurde von den Einheimischen oft beargwöhnt.

Villensiedlung

mit seiner Frau Helene Weigel. Die „Brecht-Clique", wie die Einheimischen die Künstlerkolonie nannten, ging mit dem Ort zwar nie eine echte Verbindung ein, trug aber zum Bekanntheitsgrad bei. In den 60-er Jahren übernahm der Gewerkschaftliche Feriendienst der DDR (FDGB) viele Pensionen und Hotels und baute ein neues, zweckmäßiges, aber nicht gerade schönes Ferienheim, das Bettenhaus mit 250 Plätzen gegenüber dem Strandbad. Werbung war überflüssig, die Unterkünfte wurden für 14 Tage „zentral beschickt", in den Ausflugsgaststätten wurde man platziert. Eine negative Begleiterscheinung des Massenansturms war, daß die Infrastruktur aus den 20-er Jahren zunehmend maroder und kaum erneuert wurde. Nach ca. 250 000 Übernachtungen 1986 kam in den Jahren 1990/91 mit der Schließung der FDGB-Heime der „Zusammenbruch". Viele Auseinandersetzungen im Ort und verschiedene Konzepte folgten, in deren Ergebnis nach 1992 – anknüpfend an die Traditionen der 20-er Jahre – die Sanierung und der Ausbau des Kurortes begann. Das touristische Angebot wurde wesentlich erweitert. Einige Fakten sollen dazu als Beleg dienen: Ausbau von Strandpromenade und Schloßpark, Eröffnung des Fremdenverkehrsamtes, Neugestaltung der Wanderwege, Bau der Rehaklinik, Sanierung der Mutter-Kind-Klinik und vieler Hotels und Pensionen sowie die Etablierung eines umfangreichen Kulturangebotes. Vieles bleibt noch zu tun, doch inzwischen hat sich Buckow mit über 100 000 Übernachtungen an einen vorderen Platz in der Besuchergunst der Brandenburger Kurorte geschoben und ist Kneippkurort geworden. Das benachbarte Waldsieversdorf kann stolz auf die staatliche Anerkennung als Erholungsort verweisen – immerhin als einzigster im Landkreis Märkisch-Oderland. Andernorts entstanden attraktive Angebote wie Öko- und Reithöfe, Urlaub auf dem Bauernhof oder Anglerparadiese.

„An manchen Wochenenden ist weder der Zimmernachweis noch die Jugendherberge in der Lage allen Gästen Übernachtung zu bieten" (Zeitschrift „Für Dich", 1972).

1999 hatte Buckow 19 000 Gästeankünfte, die ca. zur Hälfte auf die stationären Kureinrichtungen entfielen. Die Bettenzahl hat sich von 400 (1991) auf fast 800 (1999) erhöht.

Die schönsten Wandertouren durch die Märkische Schweiz

Vieles wurde in den vergangenen Kapiteln gesagt zu Natur und Geschichte, doch richtig entdecken kann man dies alles nur zu Fuß oder per Rad. Auf den folgenden Seiten sollen die schönsten Touren kurz vorgestellt werden. Natürlich kann dies nur eine Auswahl sein und zwingt der Umfang dieses Büchleins zur Begrenzung.

Um die Übersichtlichkeit zu verbessern sind 6 Ausgangsorte gewählt worden, die per PKW oder Bahn gut erreichbar sind (Buckow, Waldsieversdorf, Müncheberg, Münchehofe, Altfriedland/Neuhardenberg). Hier beginnen dann die meist als Rundtour beschriebenen Wege. Wo nicht anders möglich und die Streckenlänge zu umfangreich würde, gibt es auch unterschiedliche Anfangs- und Endpunkte mit Hinweisen für Rückkehrmöglichkeiten mit öffentlichen Verkehrsmitteln.

Die verschiedenen Routen (wo vorhanden mit entsprechender Wegemarkierung) sind miteinander kombinierbar, so daß für alle – vom Nachmittagsspaziergang zur Ausflugsgaststätte bis zur anspruchsvollen Tagestour – etwas dabei ist. Noch ein Hinweis zur Streckenführung. Zum größten Teil sind die Touren für geübte Wanderer leicht und haben nur geringe Anstiege. Wie aber bereits beschrieben, kommt man auch in der Märkischen Schweiz ab und an außer Puste. Wo dies der Fall ist, oder die Wegeführung komplizierter wird, gibt es entsprechende Verweise. Diese sollten etwa Kurpatienten oder ältere Besucher berücksichtigen. Nicht alle Wege gleichen denen von Kuranlagen. Märkischer Sand, auch mal Feuchtgebiete, schmale Feldraine, vom Morgentau nasse Wiesen oder mit Feldsteinen gepflasterte Straßen begleiten uns gelegentlich.

Rund um Buckow

Stadtwanderung Buckow (Wanderung 1)

Bahnhof–Hauptstraße–Markt–Lindenstraße–BIZ–Schloßpark–Ringstraße–Brechthaus–Lunapark–Bahnhof
(ca. 6 km/verkürzte Variante ca. 3 km)

Blick auf Buckow

Die romantische Kleinbahnstrecke wurde 1998 aus wirtschaftlichen Gründen eingestellt. Ein Verein bemüht sich um Wiedereröffnung als Museumsbahn, voraussichtlich im Sommer 2001.

Der Bahnhof, der im Jahr 1897 eröffneten Kleinbahn (z. Z. außer Betrieb, Wiedereröffnung voraussichtlich Sommer 2001), ist Ausgangspunkt der Rundtour durch das kleine Städtchen. Zum Erhalt dieser Bahnstrecke gründete der Eisenbahnverein ein kleines Museum und veranstaltet jedes Jahr ein großes Eisenbahnfest. Von hier geht es die Hauptstraße entlang, in der sich schön restaurierte Häuser mit vom Zahn der Zeit gezeichneten Fassaden ablösen. Vor dem 1890 erbauten Rathaus, das als solches kaum zu erkennen ist, sollte ein kurzer Stopp eingelegt werden, um das schon erwähnte Stadtwappen genauer zu betrachten. Gleich anschließend der kleine Markt, dreieckig in der Form, in der Mitte der schöne Zierbrunnen. Er entstand 1924 als Buckow auf dem Weg zum Bad war. Rechter Hand ist die evangelische Kirche auf einem kleinen Hügel zu sehen. Schon 1250 erstmals erwähnt, stammt die heutige Form aus dem Ende des 19. Jahrhunderts. Leider blieb die auch von Fontane beschriebene Innenausstattung nicht erhalten, da das Gotteshaus 1945 abbrannte. Als Racheakt für sein von deutschen abgebranntes Heimatdorf, so heißt es, ließ der russische Stadtkommandant am 1. Mai 1945 die Kirche anzünden. Inzwischen wieder hergestellt, ist sie auch ein Ort für Konzerte im Rahmen geistlicher Abendmusiken.

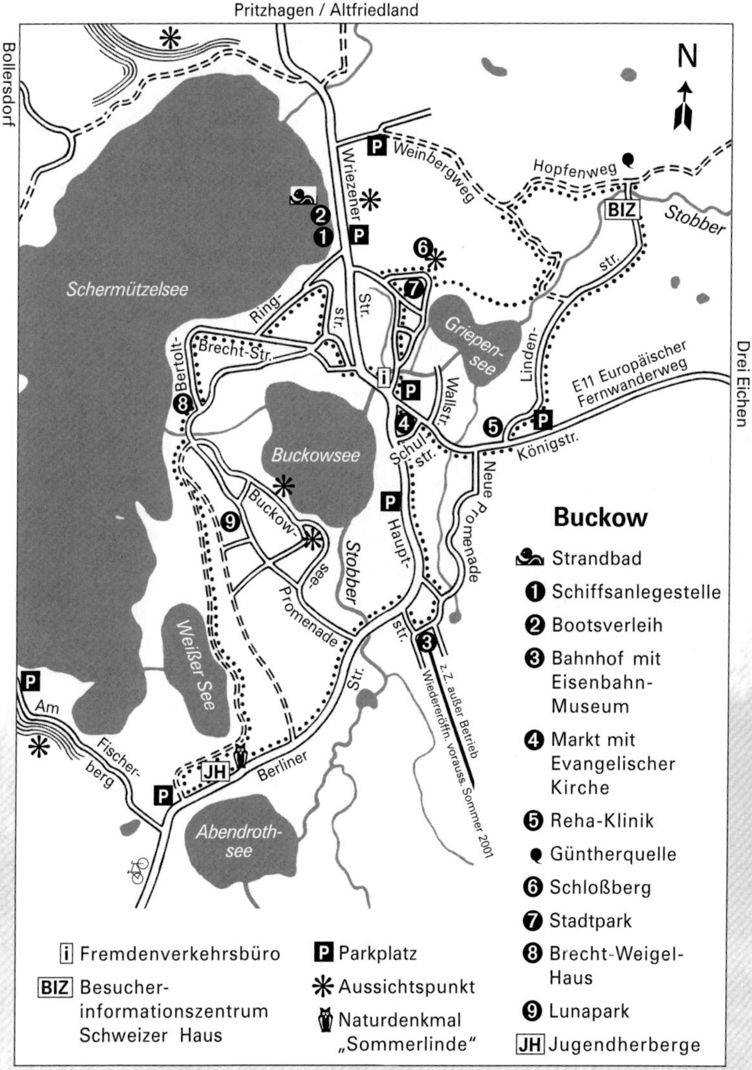
Pritzhagen / Altfriedland
Bollersdorf
Drei Eichen
N
Schermützelsee
Wriezener Str.
Weinbergweg
Hopfenweg
BIZ
Stobber
Ring-str.
Brecht-Str.
Bertolt-
Griepensee
Lindenstr.
E11 Europäischer Fernwanderweg
Wallstr.
Königstr.
Schulstr.
Neue Promenade
Buckowsee
Buckow-see-Promenade
Stobber
Hauptstr.
z.Z. außer Betrieb
Wiedereröffn. vorauss. Sommer 2001
Weißer See
Am Fischerberg
Berliner Str.
JH
Abendrothsee
Buckow
Strandbad
1 Schiffsanlegestelle
2 Bootsverleih
3 Bahnhof mit Eisenbahn-Museum
4 Markt mit Evangelischer Kirche
5 Reha-Klinik
Güntherquelle
6 Schloßberg
7 Stadtpark
8 Brecht-Weigel-Haus
9 Lunapark
JH Jugendherberge
i Fremdenverkehrsbüro
BIZ Besucher-informationszentrum Schweizer Haus
P Parkplatz
Aussichtspunkt
Naturdenkmal „Sommerlinde“

„Haus Waldfrieden“ Mutter-Kind-Kurhaus

Hinter der Kirche zweigt die Kleine Wallstraße ab, die auch als Kietz bezeichnet wird. Hier siedelten ab 1250 die vertriebenen Slawen. Bürgerhäuser aus dem 19. Jahrhundert, einstöckig und mit Flur in der Hausmitte sind noch erhalten. Die Königsstraße aufwärts führt der Weg in die Lindenstraße und bis zu deren Ende. Hier steht seit dem Jahr 2000 das neue Besucherinformationszentrum der Naturparkverwaltung (BIZ) (→ s. S. 10 ff.). Auf dem Weg dorthin ist linkerhand die im Jahr 1995 neu eröffnete Rehaklinik zu sehen und rechts auf der Anhöhe ein traditionsreiches Buckower Hotel, das „Bergschlößchen“ in der Königsstraße, das mit schönem Blick über die Stadt auch als Ziel für hungrige Wanderer lohnt. Den Stobberbach, nahe der Güntherquelle überquerend, vorbei an den Ufern des Griepensees (Griepen sind Stengel der Seerosen), ist bald der Schloßpark erreicht. Hier findet seit 1991 im Sommer die beliebte Veranstaltung „Klassik im Grünen“ statt. Informationen über das Fremdenverkehrsamt Märkische Schweiz in Buckow (→ Wriezener Str. 1a, ✆ 033433/57500 oder 65982).

Unter dem Marktbrunnen soll ein riesiger Findling liegen, der seinen Namen nach dem Buckower Bier erhielt, der Flöz-Stein.

Die ursprüngliche Barockanlage mit schönen alten Bäumen bietet vom Schloßberg einen herrlichen Ausblick auf die Stadt. Das Schloß selbst – 1675 erbaut – stand jedoch nicht auf dem Schloßberg, sondern im vorderen Drittel des Parks, heute noch am Hügel neben dem Rosenrondell erkennbar. 1803 ließ es die Familie von Flemming von Karl Friedrich Schinkel in klassizistischer Form umbauen. Das Herrenhaus hat die Abrißwut der Herrschenden nach 1945 jedoch nicht überstanden.

Der Befehl 209 der Besatzungsmacht verlangte

Nur wenige Schritte sind es von hier bis zum Fremdenverkehrsamt, der ehemaligen Warmbadeanstalt. In dem sehr schön restaurierten Fachwerkhaus befindet sich auch eine kleine Galerie. Sehenswert nebenan die Stobbermühle mit dem großen Wasserrad und hübschem Restaurant. Von hier kann man zurück zum Ausgangspunkt laufen.

Bei diesem kurzem Rundgang verpaßt man aber die herrlichen Villen in der Ring- und Bertolt Brecht Straße und natürlich das Brecht-Haus (Nr. 29). Ein Besuch des Literaturmuseums in malerischer Lage am Schermützelsee ist immer zu empfehlen.

Brunnen auf dem Buckower Marktplatz

Der weitere Weg erfolgt durch den Lunapark, entlang des Weissen Sees oder etwas kürzer entlang der Bukkowsee-Promenade zur Berliner Straße und dem dahinterliegenden Bahnhof (→ s. auch Wanderung 2).

Abschließend noch ein Wort zum Buckower Straßenpflaster, das beim Rundgang sicher manchen Fluch hervorgerufen hat. Schon Fontane äußerte den bösen Verdacht, daß in der Stadt nur Schmiede und Chirurgen wohnten, die schließlich auch leben wollten. Zum Besuch des Königs Friedrich Wilhelm IV. ließ man die Pflastersteine zentimeterdick mit Sand bestreuen, damit Majestät nicht zu arg durchgeschüttelt wurde. Das Pflaster Buckows, ein Thema das Besucher und Einheimische sicher noch einige Jahre beschäftigen wird. Zunehmend setzt sich aber auch die Erkenntnis durch, daß dieses historische Pflaster ein Stück Authentizität der Stadt Buckow vermittelt und somit erhalten werden sollte.

den Abriß von Herrenhäusern. Der Sozialismus liebte keine Erinnerungen an feudale Herrensitze.

Rund um den Schermützelsee (Wanderung 2)

Parkplatz Jugendherberge–Panoramaweg–Gaststätte Buchenfried–Schwarze Kehle–Strandbad–Bertolt-Brecht-Straße–Weisser See–Parkplatz
(ca. 7,5 km, Markierung grüner Punkt/Panoramaweg)

Beliebt sind die Rundfahrten mit dem Schiff „Scherri" auf dem Schermützelsee

Diese Wanderung – man kann sie schon klassisch nennen – ist ein guter Einstieg für „Schweiz-Neulinge", aber auch für Kenner des Gebietes. Manchmal breit und sehr bequem, mitunter durch enge Kehlen und über steile Pfade sich windend, führt der Weg rund um den Schermützelsee, den größten See der Märkischen Schweiz.

Vom Parkplatz an der Jugendherberge geht es vorbei an der Försterei, einen mit alten Feldsteinen gepflasterten Weg zum Panoramaweg. Ihn erreicht, wird es bergig. Am Rastplatz vorbei, auf- und abwärts bieten sich bezaubernde Ausblicke über den Schermützelsee und die Buckower Landschaft. Zwei Aussichtspunkte laden zu längerem Verweilen und Genießen ein. In der Nähe des zweiten Punktes führt eine steile Treppe zur schönen Ausflugsgaststätte „Fischerkehle" hinab. Weiter auf dem Höhenweg ist bald die zweite Raststätte mit Namen „Buchenfried" erreicht. In einer von beiden sollte eine Rast mit Seeblick eingelegt werden. Beide Ausflugsgaststätten sind auch bequem mit dem PKW ab dem Parkplatz an der Jugendherberge zu erreichen. Kurze Zeit später vereinigt sich der Panoramaweg mit dem „normalen Wanderweg". Dicht am Ufer entlang, an der Grenzkehle vorbei geht es recht steil bergan zum Langen Grund (Aussicht). Im Uferbereich bei der Grenzkehle lassen sich häufig Wasservögel ganz nah beobachten. Kurze Zeit später ist das Kinderheim „Weiße Taube" erreicht. Der eigentümliche Name, geht auf eine Legende zurück. Vor langer Zeit soll hier in einer slawischen Fischerhütte, durch die Tochter des Hauses, die man Wei-

Der Name Schermützelsee stammt aus dem Slawischen und bedeutet vermutlich Traubenkirsche.

Überall auf dem Panoramaweg, der auf Initiative der Revierförsterei 1992 angelegt wurde, stößt man auf interessante Hinweistafeln zu Themen aus der Natur.

Romantisch gelegen ist der Dorfanger von Bollersdorf

ße Taube nannte, ein deutscher Ritter gesund gepflegt worden sein. Sein Name war Balder. Auf ihn geht die Gründung des in der Nähe liegenden Dorfes Baldersdorf, heute Bollersdorf zurück. Nach der Heirat von Beiden blieb der Name erhalten.

Weiter führt die Wanderung in Richtung Strandbad. Bald zweigt links ein schmaler, steiler Weg zur Bollersdorfer Höhe ab (80 Höhenmeter). Bis vor wenigen Jahren ein „Muß“ für jeden Besucher, denn hier stand die bekannteste Ausflugsgaststätte der Region gleichen Namens. Leider ist sie seit Mitte der 90-er Jahre geschlossen. Gleiches gilt für das „Haus Tirol“, das nach dem Strandbad folgt (es bietet leider einen traurigen Anblick). In beiden Fällen wird deutlich, daß sich in den letzten 10 Jahren nicht nur positive Entwicklungen vollzogen haben.

Strandbad, Bootsverleih und Anlegebrücke für das schon legendäre Ausflugsschiff „Scherri“ bieten sich für

Zwischen „Großer Weißer Taube“ und der Hotelpension „Johst am See“ überquert man auf einer hölzernen Treppe die große Schwarze Kehle, deren Name auf den hier – Ende des 19. Jahrhunderts – betriebenen Braunkohleabbau hindeutet.

Das Brecht-Weigel-Haus, in dem Bertolt Brecht und Helene Weigel die Sommer verbrachten

eine willkommene Rast an. Wer möchte, kann von hier abkürzen und mit dem Schiff zurück zur Gaststätte „Buchenfried" bzw. „Fischerkehle" fahren oder eine etwa einstündige gemütliche Rundfahrt unternehmen. Die Ringstraße und die Bertolt-Brecht-Straße entlang (→ s. Wanderung 1), folgt nach dem Brechthaus der Wanderweg dem Pfad zum Weissen See. Auch hier immer wieder herrliche Ruhe, zauberhafte Blicke durch den Schilfgürtel auf den Schermützelsee, zahlreiche Wasservögel und gelegentlich mal ein Angler. Nur wenige hundert Meter sind es nun bis zum Ausgangspunkt zurück.

Hier noch ein Tip zum Abschluß. Sollten Sie bisher dem Brecht-Weigel-Haus noch keinen Besuch abgestattet haben, wäre jetzt eine gute Gelegenheit dazu. In den Sommermonaten war es das „Exil" der Familie Brecht/Weigel. Hier entstanden wichtige Werke, wie die „Buckower Elegien", „Turandot", hier war man aber auch ganz privat.

Brecht war von der Kochkunst Helene Weigels („Die Suppenkochende Kennerin der Wirklichkeit") begeistert, die oft bereiteten Pilzgerichte rührte er aber, anders als seine Gäste, nie an.

Besonders sehenswert ist der herrliche Garten mit Seeblick, in dem Kupfertafeln mit Brechts „Buckower Elegien" aufgestellt sind. Regelmäßig finden im Brecht-Weigel-Haus interessante Literaturveranstaltungen, wie etwa der „Buckower Literatursommer" statt (→ Informationen: Brecht-Weigel-Haus, Bertolt-Brecht-Str. 29, ✆ 033433/467).

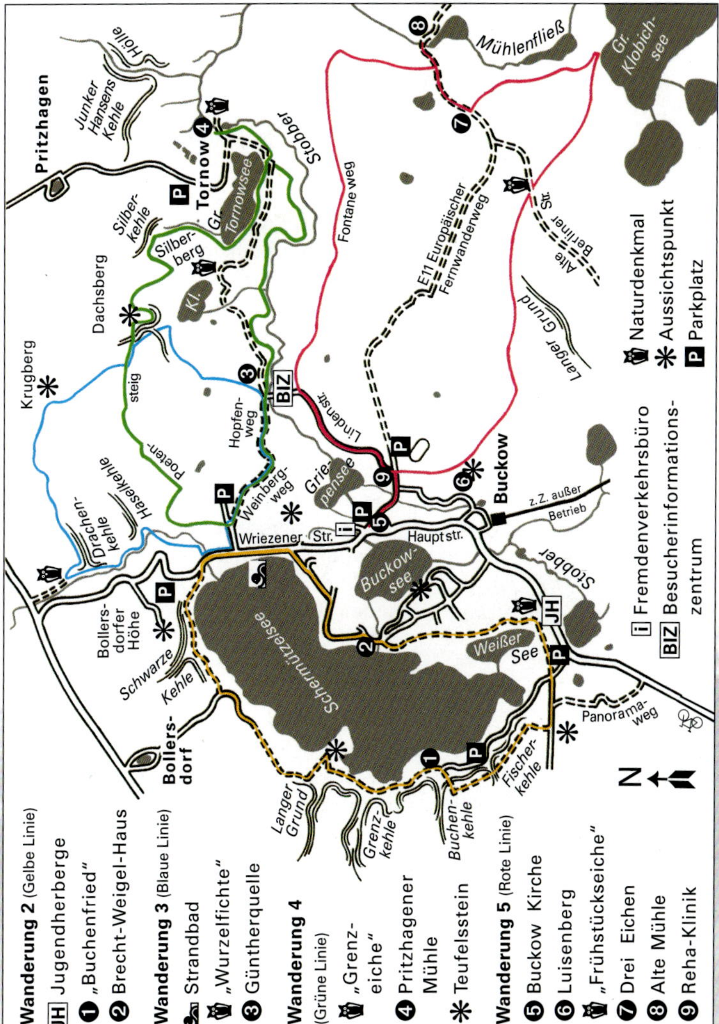
Wanderung 2 (Gelbe Linie)
JH Jugendherberge
1 „Buchenfried"
2 Brecht-Weigel-Haus
Wanderung 3 (Blaue Linie)
Strandbad
„Wurzelfichte"
3 Güntherquelle
Wanderung 4 (Grüne Linie)
„Grenz-eiche"
4 Pritzhagener Mühle
Teufelsstein
Wanderung 5 (Rote Linie)
5 Buckow Kirche
6 Luisenberg
„Frühstückseiche"
7 Drei Eichen
8 Alte Mühle
9 Reha-Klinik
i Fremdenverkehrsbüro
BIZ Besucherinformationszentrum
Naturdenkmal
Aussichtspunkt
P Parkplatz
Münchehofe
Pritzhagen
Waldsieversdorf
Mühlenfließ
Gr. Klobichsee
Hölle
Junker Hansens Kehle
Tornow
Gr. Tornowsee
Kl. Tornowsee
Stobber
Silberkehle
Silberberg
Dachsberg
Krugberg
Fontaneweg
E11 Europäischer Fernwanderweg
Alte Berliner Str.
Langer Grund
BIZ
Lindenstr.
Hopfenweg
Poetensteig
Haselkehle
Drachenkehle
Weinbergweg
Griepensee
Wriezener Str.
Hauptstr.
Buckow
z. Z. außer Betrieb
Buckowsee
Bollersdorfer Höhe
Schwarze Kehle
Schermützelsee
Weißer See
Stobber
JH
Panoramaweg
Bollersdorf
Langer Grund
Grenzkehle
Buchenkehle
Fischerkehle
N

Zur Wurzelfichte und zum Krugberg (Wanderung 3)

Strandbad–Sophienfließ–Wurzelfichte–Drachenkehle–Krugberg–Wolfsschlucht–Kleiner Tornowsee– Günther-quelle–Strandbad

(ca. 6 km, Markierung blauer Strich/gelber Punkt/grüner Strich/gelber Strich

Das Sophienfließ entspringt im Norden des Naturparks bei Prötzel und mündet nach ca. 10 km im Schermützelsee.

Der Ausgangspunkt dieser sehr reizvollen Tour in die „Berge" ist das Strandbad Buckow. (Parkplatz). Zuerst die Wriezener Straße entlang verläßt man diese auf der Höhe der ehemaligen Gaststätte „Haus Tirol", um rechts zum Sophienfließ abzubiegen (blauer Strich). Durch herrlichen Mischwald, immer entlang des Baches und den „anmutigen Windungen folgend" (wie bereits im Jahr 1904 in Straubs Wanderbuch geschrieben stand), ist nach etwa 1,5 km die Wurzelfichte erreicht (Vorsicht bei Nässe, Teile des Weges sind mit Holzstämmen befestigt). Die Fichte, immerhin ca. 30 Meter hoch und 2,5 m im Umfang ist ein kleines Wunder. Die größtenteils freiliegenden Wurzeln halten sich schon seit ca. 170 Jahren im märkischen Boden fest. Über eine kleine Holzbrücke, nun auf der anderen Seite des Baches, biegt bald links ein schmaler, stetig bergauf führender Pfad ab. (gelber Punkt). Plötzlich offenes Feld, mit 130 Metern ist der höchste Punkt unseres Wandergebietes – der Krugberg – erreicht. Leider ist der Feuerwachturm nicht zu besteigen, aber von den nicht weit entfernten Ruhebänken hat man auch einen wundervollen Blick, der zu einer ausgiebigen Rast geradezu einlädt. Entlang des Waldrandes kreuzt der Weg am sogenannten Finkenherd (im Mittelalter Vogelfang) schon bald den Poetensteig (→ siehe Wanderung 4/Rückweg nach Buckow möglich), den wir nach links einige hundert Meter

Idylle am Sophienfließ

folgen (grüner Strich). Ein schmaler, recht steiler Pfad führt kurz darauf bergab, in die Wolfsschlucht. Von diesem Abzweig sind es keine 300 Meter bis zum Teufelsstein bzw. der Aussicht am Dachsberg, ein Umweg der sich lohnt (→ vgl. Wanderung 4). Doch zurück zur Wolfsschlucht. So unheimlich die Bezeichnung, so romantisch der Steig. Auf 250 Meter Länge geht es 40 Meter bergab (Vorsicht bei Nässe). Diese exakten Angaben stehen am Ende der Schlucht auf einer Hinweistafel des Naturparks, die auch die genauen Vorgänge der Bildung dieser gut darstellt. Wölfe wurden hier zuletzt vor 200 Jahren gesichtet.

Nur wenige Schritte nach links blinkt der Kleine Tornowsee durch das Geäst. Durch die eng am Ufer stehenden alten Bäume wirkt er, besonders an trüben Tagen, etwas düster. *„So ist auch der Kleine Tornowsee einer von jenen Seen, an denen Sagen und Märchen am liebsten verweilen und von Prinzessinen erzählen, die in der Johannisnacht aus dem dunklen Wasser steigen und mit Silberrosen im Haar freundlich-traurig am Ufer sitzen"* (Fontane).

Mit Blick auf diese Idylle wenden wir uns wieder zurück, vorbei an der Informationstafel Richtung Buckow. (gelber Strich). 1997 ist an der Stelle der Informationstafel bis zu drei Meter tief gegraben worden, um die Nutzung der Landschaft durch unsere Vorfahren zu erkunden. Ein Nachweis für diese sind Holzkohlenreste von Feuerstellen. Nach ca. 300 Metern schon wieder eine Wegegabelung, geradeaus über das Schwarze Loch führt der kürzeste Weg zurück zur Stadt, schöner ist aber der nach Süden, zur Güntherquelle. Kurz nach der Kreuzung liegt rechts der Giebelpfuhl, der seinen Namen vom Giebel, einem kleinen Fisch bekommen hat. Heute sind darin allerdings eher Kröten, Molche und Frösche zu finden. Nicht mehr weit ist es jetzt bis zur Güntherquelle. Die stark eisenhaltige Quelle hat ihren Namen nach Graf Günther von Itzenplitz, einem preußischen Adligen aus dem nahen Oderbruch. Von dort den Hopfen-, später den Weinbergsweg entlang, gelangen wir wieder an unseren Ausgangspunkt (grüner Strich).

Je nach Sichtverhältnissen sind vom Krugberg im Vordergrund die Dächer von Pritzhagen (Wanderungen dorthin 1,5 km entlang der Felder), über den Ort hinweg Neuhardenberg im Oderbruch, im Nordosten Reichenberg und im Südosten Münchehofe zu sehen.

Das Wahrzeichen der Märkischen Schweiz, die Wurzelfichte, ist schon ein recht erstaunliches Naturphänomen, denn Fichten sind ja eigentlich Flachwurzler. Dieser Baum, der wie eine „Mangrovenfichte" aussieht, muß einen besonderen Überlebenswillen haben.

Von Buckow zur Pritzhagener Mühle (Wanderung 4)

Parkplatz Weinbergsweg–Poetensteig–Dachsberg–Silberkehle–Großer Tornowsee–Pritzhagener Mühle–Stobbertal–Güntherquelle–Parkplatz
(ca. 9,5 km, Markierung grüner Strich/gelber Strich).

Diese stimmungsvolle – für einen Vor- oder Nachmittag geeignete – Wanderung führt durch herrliche Wälder, Schluchten und bietet schöne Aussichten auf das romantische Stobbertal. Sie beginnt am Parkplatz Weinbergsweg (Schule), entlang des sogenannten Poetensteigs (grüner Strich). Dieser macht seinem Namen alle Ehre, kostet aber auch so manchen Schweißtropfen. Von Eichen und Buchen überdacht, geht es bergan bis zu Jenas Höhe, immerhin 116 m über NN. Anfangs ist noch das Rauschen des Sophienfließes zu hören, bald nur noch das des Blätterdaches. Im Wald, am Wegesrand und zum Teil auf dem Weg, überall bemooste Steinblöcke mit abgerundeten Kanten. Es sind kleine Findlinge, die die Eiszeit aus Skandinavien hierher transportiert hat. Wissenschaftlich gesehen wandern wir auf einer Endmoräne (→ vgl. Kap. 2). Am Finkenherd weiter geradeaus, vorbei am Abstieg der Wolfsschlucht, ist es nicht mehr weit bis zum Dachsberg. *„Als einer ...* (der) *reizendsten Punkte gilt der Dachsberg, kaum eine viertel Stunde vom Dorf entfernt und mit Recht ein Lieblingsplatz aller märkischen Touristen. Auch Berliner huldigen ihn. Und das ist doch schließlich immer das Entscheidende"*, so Fontane. Die Aussicht mit Schutzdach und Bänken ist sehenswert und für eine Rast ideal. Gerade in den Morgenstun-

Nahe der Pritzhagener Mühle steht die etwa 400–450 Jahre alte Grenzeiche, eine Stieleiche von bizarrer Gestalt. Sie ist 22 m hoch und hat einen Umfang von 545 cm.

Neuntöter

den könnte es sein, daß den Wanderer einige der über 70 verschiedenen Vogelarten mit ihren Gesängen erfreut.

Ganz in der Nähe weist ein Schild auf den Teufelsstein hin, einen Riesenstein, der gespalten ist. Von ihm erzählt die Sage: Der Teufel selber soll einst hier mit seinen Gesellen um eine arme Seele Karten gespielt haben. Als er immer wieder verlor, schlug er so wütend auf den Stein, daß dieser zerbrach.

Kaum ist der Dachsberg verlassen, geht es sich windend, steil hinab. Die Silberkehle, benannt nach dem hellen Quarzsand der hier zutage tritt und in der Sonne silbrig glänzt, ist eines der schönsten Landschaftsbilder im Naturpark. Man hat den Eindruck im Gebirge zu sein, denn die Wände ragen steil auf. Der Große Tornowsee liegt langgezogen vor uns. „Friede ist die Parole am Großen Tornowsee", meinte schon der uns allen bekannte Reisende durch die Mark Brandenburg. Am Nordufer des Sees führt der Weg zur Pritzhagener Mühle (Fahrstraße). Schöner ist es aber auf die gegenüberliegende Seite zu wechseln und entlang des malerischen Südufers unter den Wipfeln alter Bäume bis zur Mühle zu wandern (unterhalb der Fahrstraße, gelber Strich). Durch raschelndes Laub, mit Blick auf das glänzende Wasser und das gegenüberliegende Gutshaus, einst im Besitz der Familie von Oppen, heute Kinderheim, ist das Ziel bald erreicht. Dieser See, wie auch der kleine Bruder nebenan, entstand durch einen Eisblock, der beim Rückzug des Eises hier liegen blieb (sogenanntes Toteis). Dieses wurde konserviert und schmolz später langsam auf und füllte die Hohlform mit Wasser. Die Pritzhagener Mühle am Umkehrpunkt ist auch ein beliebter Einkehrpunkt. Die kleine, einfache Gaststätte (Selbst-

Einige Beispiele für die hier zahlreich vorkommenen Vogelarten sind Neuntöter, Nachtigall und Goldammer.

Die Wälder des Wandergebietes sind immer wieder eine Augenweide. Bis zur Pritzhagener Mühle sind naturnahe, mit Kiefern und Akazien durchsetzte, Traubeneichen-, Winterlinden- und Hainbuchenwälder typisch.

bedienung) lädt vor allem mit hübschen Garten und Blick auf das Stobbertal ein. Empfehlenswert ist der selbst gebackene Kuchen. Nur am Montag gibt es eine Enttäuschung – Ruhetag. Von hier bestehen viele Möglichkeiten die Tour zu verlängern (u. a. zur Alten Mühle, zur Eichendorfer Mühle, nach Münchehofe → vgl. Wanderung 5).

Am Großen Tornowsee stehend sind es nur 250 m bis zum Kleinen Tornowsee. Obwohl so nah beieinander weisen sie einen Höhenunterschied von 17 m auf.

Etwa 700 m wieder zurück, vorbei am Fischpaß, eine Fischtreppe, die angelegt wurde, damit die im Stobber lebenden Arten das alte Mühlenwehr bei ihren Wanderungen überwinden können (interessante Informationstafel), wandern wir nun entlang des Stobberfließes. Der naturnahe Zustand des Flüßchens bis zur Güntherquelle (gelber Strich), das klare Wasser, die dicht bewachsenen Ufer, kleine Auenwaldreste, so oft gibt es dies nicht mehr in unserer Heimat. Hier leben seltene Fischarten wie Bitterling und Steinbeißer. Auch die vom Aussterben bedrohte Europäische Sumpfschildkröte, Biber und sogar Fischotter haben im Flüßchen ihren Lebensraum.

Die 2,5 km zum Ortsrand von Buckow sind ein Wandererlebnis. Rücksichtnahme auf die Tier- und Pflanzenwelt ist hier besonders wichtig. Das letzte Stück des Weges folgt über Hopfen- und Weinbergsweg.

Zur Alten Mühle über Drei Eichen (Wanderung 5)

Buckow Kirche–Luisenberg–Frühstückseiche–
Drei Eichen–Alte Mühle–Fontaneweg–Lindenstraße–
Kirche
(ca. 10 km, Markierung roter Strich/grüner Strich)

Nachdem wir bei den Wanderungen 1–4 den „klassischen Routen" gefolgt sind, die an schönen Wochenenden auch einmal ein paar Wanderer mehr anziehen (ohne jemals überlaufen zu sein), nun eine etwas abseits führende Tour.

Die 1995 neu eröffnete Rehaklinik von Buckow hat 220 Betten und ist als Fachklinik für Onkologische Erkrankungen bekannt.

Start ist an der Kirche (in der Nähe Parkplatz). Entlang der Königsstraße auf der schon preußische Monarchen geritten sein sollen, führt vor dem Stadion ein rot markierter Wanderweg nach rechts. Wir steigen einige Treppen empor und halten uns links unterhalb des Luisenberges Richtung Frühstückseiche. Ein Blick zurück zur Rehaklinik, dem Restaurant Bergschlößchen und natürlich dem Städtchen lohnt. Der gemütliche Pfad führt ohne große Höhenunterschiede durch zumeist dichte Mischwälder. Nach ca. 2 km zweigt rechts der Lange Grund ab, der über den Schwarzen See wieder nach Buckow führt. Dieser Lange Grund war einst in der unmittelbaren Nacheiszeit der Verlauf des „Urstobber". Die flachen Hänge des Tales sind noch erkennbar. Noch 500 m sind es bis zur Frühstückseiche, die am Schnittpunkt mit der Alten Berliner Straße steht.

Der „Urstobber" verlegte seinen Verlauf in Richtung Nordwesten als der Dauerfrostboden endgültig auftaute und das Wasser im darunterliegenden durchlässigen Sand versickerte. Das alte Tal wurde zum Trockental.

Das stattliche Naturdenkmal mit einem Alter von etwa 350 Jahren und 30 m Höhe soll 1732 einen berühmten Gast „beherbergt" haben. Dieser war Kronprinz Friedrich, später genannt Friedrich der Große. Ob er die Schönheiten der Umgebung richtig genießen konnte ist sehr zu bezweifeln, denn er war auf dem Weg zur Festung Küstrin, um seine Haft anzutreten. Verurteilt dazu hatte ihn der Vater für eine mißglückten Fluchtversuch nach England. Weiter der Alten Berliner Straße folgend ist es nur ca. 1 km bis zur Alten Mühle. Diese Abkürzung bringt den Wanderer aber um ein sehr schönes Wegestück. Noch gut 1 km der roten Markierung folgend wird der Große Klobichsee, der herrlich gelegene zweitgröß-

Die Alte Berliner Straße war früher eine wichtige Verbindung von Berlin nach

te See der Region erreicht. Eine Umrundung erfolgt auf der → Wanderung 8.

Mit idyllischen Blick vom Hochufer (Rastplatz) verabschieden wir uns nach Norden (grüner Strich). Entlang des romantischen Mühlenfließes sind es nur 1,2 km bis auf den Hauptwanderweg zurück. Dieses Stück Weg – gesäumt von Feuchtgebieten und einem kleinen Teich – zeigt den Reiz der Märkischen Schweiz besonders deutlich. Hier scheint der Alltag fern, bestimmen die Laute der Natur den Augenblick. Schnell ist das Besucherzentrum Drei Eichen erreicht.

Besucherzentrum Drei Eichen

Dieses Haus mit Garten, Nutztiergehege, Backofen u. a. ist ein Kleinod. Schulklassen aber auch Familien und Einzelwanderer werden gerne aufgenommen, um sich für mehrere Tage mit Natur und Umwelt zu beschäftigen (preiswerte Übernachtungen). Selbstverständlich ist auch der Kurzbesucher gern gesehen, und wenn man Glück hat, gibt es frisch gebackenes Brot oder es wird gegrillt. Das Besucherzentrum Drei Eichen ist über Münchehofe bzw. die Alte Berliner Straße auch mit dem PKW zu erreichen. So ist ein abendlicher Besuch möglich, um die gelegentlich stattfindenden beliebten Lesungen mit festlichen Abendessen zu besuchen (→ Informationen s. Praxisteil S. 80). Noch 500 m weiter steht die Alte Mühle, eine jener vielen Loh- und Gerbmühlen, die der Stobber früher antrieb. Heute beherbergt sie die Revierförsterei mit Waldschule. Nun beginnt der Rückweg, der zwischen Alter Mühle und Drei Eichen nach rechts in Richtung Pritzhagener Mühle abzweigt (grüner Strich). Dieser Weg ist möglich (→ vgl. Überblickswanderungen Mühlentour S. 73 f), wir aber wandern nach etwa 700 m nach links auf den Fontaneweg, der uns direkt nach Buckow bringt (ca. 3 km).

Den Ort erreichen wir in Höhe der Lindenstraße, die uns zum Ausgangspunkt zurückführt.

Osten. Auch Napoleons Truppen benutzten sie 1812 auf dem Weg nach Rußland.

„Natur in Drei Eichen – mit allen Sinnen erreichen". Mit Werkräumen und Umweltlabor ausgestattet, bietet das Besucherzentrum Drei Eichen verschiedene Themenkreise an: Ernährung – der Mensch ist mehr als er isst; Waldartenreichstes Biotop; Tiere – mehr als nur nützlich u. a.

Rund um Waldsieversdorf

Ortsrundgang mit Großem Däbersee (Wanderung 6)

Orientierungstafel–Wasserturm–Himmelsleiter–Seestraße–Freibad–Großer Däbersee–Priestermühle–Orientierungstafel
(ca. 4 km, Markierung gelber Strich)

Sieversdorf wird schon 1253 erstmalig erwähnt, ist aber im 15. Jahrhundert bis auf die Mühle wieder eine Wüstung.

„In seiner vornehmen, lieblichen Ruhe ... ist Waldsieversdorf ein Idyll in der an Naturschönheiten so reichen Märkischen Schweiz“. Diese Werbeprospektbeschreibung aus den zwanziger Jahren ist auch heute noch gültig. Auch wenn der kleine Ort (ca. 1000 Einwohner) schon immer etwas im Schatten von Buckow lag, ist er und seine Umgebung nicht minder reizvoll.

Unser Rundgang beginnt an der Orientierungstafel in der Dahmsdorfer Straße am Touristeninformationszentrum. Ein Blick auf die Tafel zeigt die herrliche Lage direkt an den Ufern des Großen Däbersees. Von hier laufen wir die Sauerkirschenallee aufwärts zum Wasserturm. Wer den Aufstieg auf den Turm wagt, und sich auch nicht von der schweren Dachluke aufhalten läßt, wird bei gutem Wetter mit einer schönen Rundumsicht belohnt. Im Sommer ist der Turm tagsüber ständig geöffnet, im Winter kann der Schlüssel in der nahen Touristeninformation geliehen werden (→ weitere Informationen s. Praxisteil S. 79 f).

Der Gutsherr Graf von Flemming überzog Kindermann mit Gerichtsverfahren u. a. wegen Forstdiebstahl und unerlaubter Bauausführung.

Die am Wasserturm verlaufende Straße heißt Kindermannstraße. Ferdinand Kindermann, ein aus Stettin stammender Fabrikbesitzer kaufte hier 1889 250 Morgen Land und war somit der Begründer des heutigen Waldsieversdorf. Den Ort selbst gab es zwar schon vorher, allerdings an anderer Stelle (→ vgl. Wanderung 8). Zu Kindermanns Zeiten wurde er als Wüste-Sieversdorf be-

1894 veröffentlichte Kindermann eine Broschüre mit dem

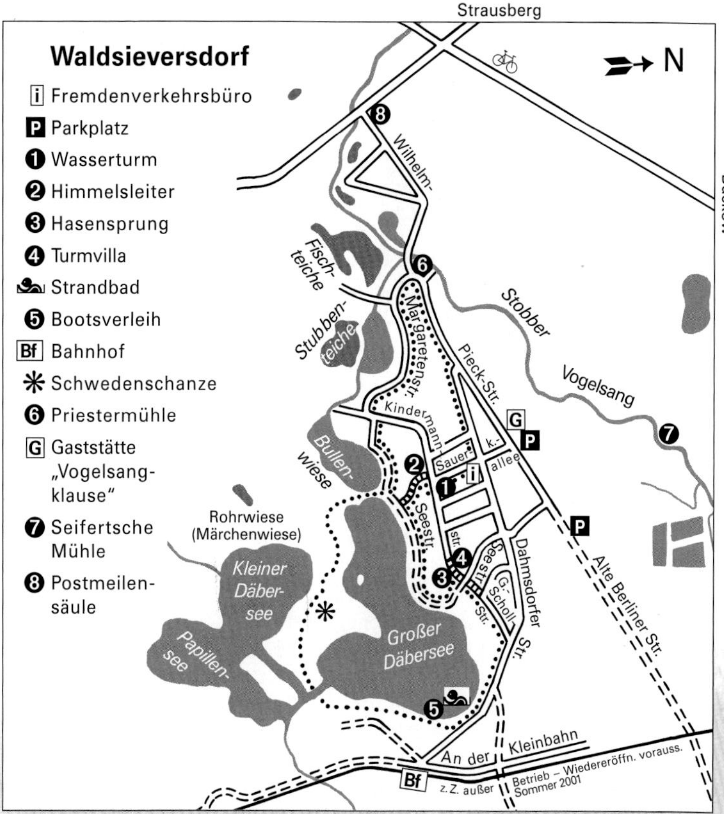

zeichnet. Noch sollten sechs Jahre vergehen, bis aus der „Wüste" ein Villendorf entstand, denn Kindermann hatte nicht mit der preußischen Bürokratie und der Engstirnigkeit seiner Zeitgenossen gerechnet. Da er nicht nur Villen sondern auch eine Heimstatt für Arbeiter errichten wollte, hatte er gegen den Vorwurf „sozialistischer Umtriebe" anzukämpfen. Ein Gedenkstein in der Nähe des Wasserturms erinnert an seinen „Sieg" am 1. 9. 1905. Fast alle älteren Häuser des Ortes sind von ihm entworfen

beziehungsreichen Titel: „Rechtlos – Mein Kampf gegen die Bureaukratie", die auf 100 Seiten seinen Kampf beschreibt.

Wasserturm in Waldsieversdorf

und unter seiner Leitung erbaut worden (z. B. Kindermannstr. 40 und 42).

Gleich beim Wasserturm geht es steil bergab, die Himmelsleiter hinunter zur Seestraße, in die wir nach links einbiegen. Entlang des ruhigen Fahrweges bietet sich ein schöner Blick über den See und zu den oberhalb stehenden Villen. Nach wenigen hundert Metern biegt die Seestraße nach links ab und wird wieder eine Treppe erreicht, der sogenannte Hasensprung. Auf der Höhe steht eines der markantesten Bauwerke des Ortes, die Turmvilla, die gerade mit großem Aufwand restauriert wurde. Turm und Zinnen lassen einen Hauch von Romantik aufsteigen. Was mag wohl den Bauherren dazu getrieben haben? Die hölzernen Stufen hinunter am Pädagogikum vorbei, wird die Dahmsdorfer Straße erreicht. Gegenüber ist die Festwiese mit kleiner Bühne, die alljährlich Mittelpunkt des traditionsreichen Jägerfestes ist. Mit Jagdhornblasen, Lagerfeuer, jagdlichen Vorführungen, Wildschweinessen u. a. ist es im Juli ein lohnendes Ausflugsziel. (→ Informationen ✆ 033433/720). Nur wenig entfernt befindet sich das Freibad mit Imbiß und Bootsverleih.

Seit 1996 ist Waldsieversdorf „Staatlich anerkannter Erholungsort".

Die Wälder um die Wüste Sieversdorf waren und sind sehr wildreich. Bis 1945 galt es als bevorzugtes Jagdgebiet der Grafen von Flemming.

Unser Weg führt aber weiter, direkt am Freibad einen Pfad hinab (gelber Strich) am Ufers des Großen Däbersees entlang. Der Blick ist wunderschön und schnell ist eine kleine Holzbrücke erreicht, die die Verbindungsrinne zwischen den Seen überquert. Mehrere Hinweistafeln machen die Wahl, wie es weiter gehen soll, schwer. Wir wählen den Weg zur Schwedenschanze. Auf dem Hügel angekommen lohnt die Aussicht. Nun geht es wieder zurück zum Seeufer und zur Steinbrücke, die zur Seestraße überquert wird. Die Himmelsleiter wieder aufwärts, ist dieser kurze Rundgang schon beendet.

An der Schwedenschanze soll im 13. Jh. eine slawische Schutzburg gestanden haben.

Eine kleine Verlängerung der Strecke aber ist lohnend. Für diesen Fall geht es nach der Steinbrücke nach links, die Margaretenstraße entlang zur ehemaligen Prie-

Himmelsleiter

stermühle. Oberhalb der Straße ist das 1906–1908 errichtete Sanatorium zu sehen. Leider hat dieses, in so exponierter Lage stehende Gebäude, seine besten Tage schon hinter sich. Einst war es wohl das imposanteste der Region und Mittelpunkt des Kurbetriebes in der Blütezeit Waldsieversdorfs in den zwanziger und dreißiger Jahren. 1938 wird aus dem Kneippsanatorium eine Reichsführerinnenschule des Arbeitsdienstes, später Lazarett, Kinderferienlager und schließlich Schule einer Partei. Die ehemalige Priestermühle war 1895 Ausgangspunkt der Gründung der Villenkolonie. Nur wenige Meter davon entfernt entspringt am Stobberbach die Margaretenquelle. Die Priestermühle wird heute von der Fischerei genutzt (die Fischteiche liegen gegenüber auf der anderen Straßenseite). Frische, herrlich duftende Räucherware lädt zu einem Halt und zum Einkauf ein. Einige Hundert Meter weiter Richtung Osten sind wir wieder am Ausgangspunkt unserer Wanderung angelangt. Dort lohnt noch ein Blick auf die hübsche Blumenuhr (ca. 100 Meter weiter die Dahmsdorfer Straße entlang).

Ab der Margaretenquelle führt ein schöner Wanderweg (gelber Punkt) zum Naturschutzgebiet Gartzsee (Moorgebiet) und weiter nach Buckow.

Auf dem Forstlehrpfad rund um Waldsieversdorf (Wanderung 7)

Bahnhof Waldsieversdorf–Papillensee–Rohrwiese–Bullenwiese–Fischteiche–Priestermühle–Vogelsang–Bahnhof

(ca. 4 km, Markierung grüner Diagonalstrich)

Am Kleinen Däbersee

Bei dieser kurzen Wanderung folgen wir dem Forstlehrpfad. Dabei kann man Bewegung mit der Auffrischung naturkundlicher Kenntnisse gut verbinden. Ausgangspunkt ist der ehemalige Kleinbahnhof, wobei Bahnhof etwas übertrieben ist, besser Haltepunkt. Ein mit rotem Strich ausgeschilderter Weg folgt parallel dem Bahndamm nach Süden, überquert ein kleines Fließ um nach einigen Biegungen den Papillensee zu erreichen (ab Fließ Markierung grüner Diagonalstrich). Von der Uferanhöhe sind der große Verlandungsbereich im Norden, dichte Schilfgürtel, aber auch die freien Wasserflächen gut zu überblicken.

Am Wegesrand, besonders an feuchten, schattigen Laubmischwäldern, blüht im Frühjahr häufig das leuchtend gelbe Scharbockskraut und das rosa-blauviolette Lungenkraut.

In den Schilfflächen der kleinen Seen sind Rohrweihe, Teich- und Drosselrohrsänger zu Hause.

An der Südspitze des Sees teilt sich der Pfad, unser Weg führt etwas weg vom See zur Rohr- oder Märchenwiese. Die Rohrwiese ist ein sehr feuchtes, zum Teil mit Pappeln und Weiden bestandenes Grasland. Naturschützer versuchen diese für die Gegend ungewöhnlliche Waldwiese langfristig wiederherzustellen. Entlang des verträumt liegenden Kleinen Däbersees, der mit dem Papillensee eine Einheit bildet, ist es nicht mehr weit bis zur Steinbrücke, die wir bei → Wanderung 6 bereits überquert haben. In den Seen befindet sich als botanische Besonderheit der Wasserschlauch. Dieser eigentümliche Name bezeichnet ein fleischfressende Pflanze, die unter Wasser lebt und nur im Sommer für kurze Zeit ihre Blüten zeigt. Vor der Steinbrücke führt diesmal der Weg nach links vorbei am Bullenwiesensee und den Fischteichen. Ca. 1 km auf hügeligen Gelände sind es bis zur

Straße Müncheberg–Waldsieversdorf. Unterwegs gibt es immer wieder interessante Hinweistafeln auf die Pflanzen- und Tierwelt.

Am Mühlenfließ (Fahrweg) überqueren wir die Hauptstraße, um den Rückweg anzutreten. Der führt vorbei am alten Wasserwerk, der ehemaligen Priestermühle (Fischerei) bis zur Vogelsangklause (Gaststätte). Dieses letzte Stück (gelber Punkt) führt am Stobberbach entlang, der uns schon aus Buckow gut bekannt ist. Der Bach hat sich tief in das Gelände eingeschnitten und windet sich durch schattigen Erlenbruchwald. Zahlreiche Quellen entspringen mit kühlem Wasser den sumpfigen Ufern. Da die Quellen fast das gesamte Jahr eine gleichbleibende Temperatur (8 °C) aufweisen, bleibt dieser Abschnitt auch im frostigen Winter eisfrei. Viele Vögel überwintern hier, z. B. Amsel und Rotkehlchen, somit verwundert es nicht, daß die Gegend Vogelsang genannt wird. An gleichnamiger Gaststätte vorbei die Sauerkirschenallee und Dahmsdorfer Straße entlang ist es bis zum Freibad und zum Bahnhof nicht mehr weit.

Am Vogelsang

Die Fischteiche wurden wahrscheinlich schon im 13. Jahrhundert mit dem Bau der Priestermühle und dem Aufstau des Stobbers angelegt.

Zum Schluß noch ein Hinweis auf ein Kleinod, die Waldsieversdorfer Sonnenuhr. Beim Einbiegen auf die Sauerkirschenallee ist sie zu sehen. Die Zeichen in Metall sind auf den ersten Blick etwas verwirrend. Es handelt sich hierbei um eine äquatoriale Sonnenuhr, d. h. die Ebene des Zifferblattes steht parallel zur Äquatorebene. Somit zeigt der Schatten das ganze Jahr hindurch die wahre Sonnenzeit an (natürlich nur an sonnigen Tagen). Die Sonnenuhr wurde nach 1000 Stunden Handarbeit aufgestellt. „Ex his una tibi – von den Stunden ist eine die Deine“, lautet eine Inschrift.

Die Blumenuhr ist ein Geschenk des örtlichen Uhrmachermeisters an den Ort. Sie wird liebevoll gepflegt und der Jahreszeit entsprechend bepflanzt.

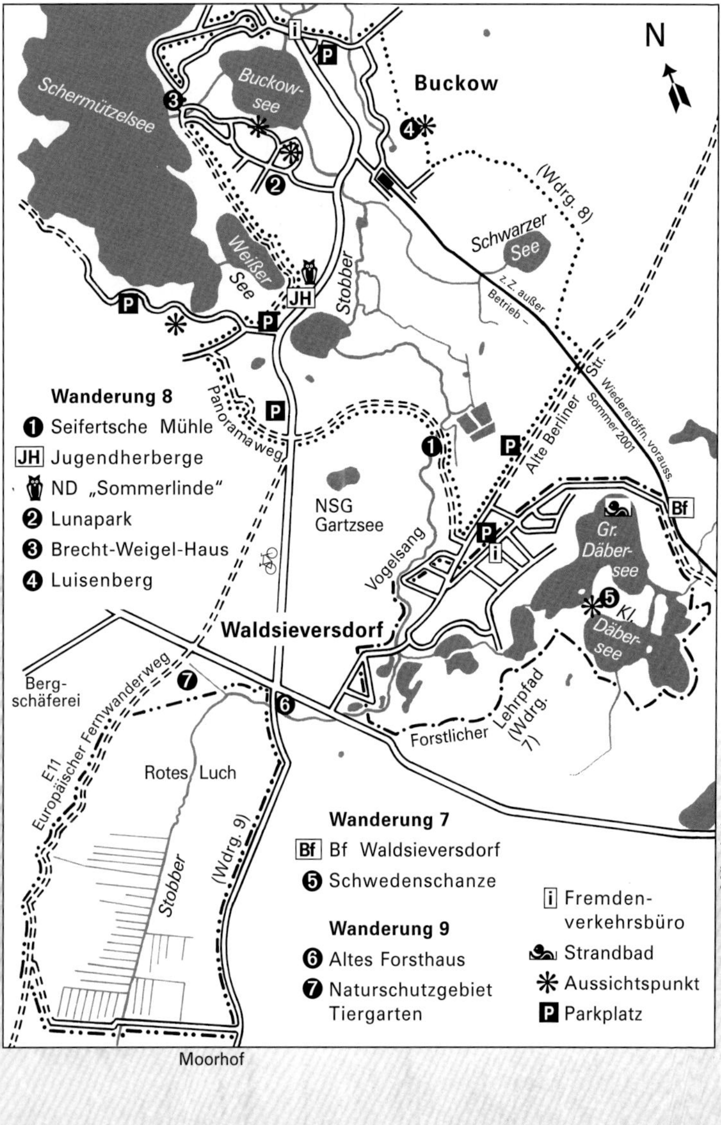
N
Buckow
Schermützelsee
Buckowsee
Weißer See
Schwarzer See
(Wdrg. 8)
z. Z. außer Betrieb –
Stobber
JH
Panoramaweg
Wanderung 8
1 Seifertsche Mühle
JH Jugendherberge
ND „Sommerlinde“
2 Lunapark
3 Brecht-Weigel-Haus
4 Luisenberg
NSG Gartzsee
Vogelsang
Alte Berliner Str.
Wiedereröffn. vorauss. Sommer 2001
Bf
Gr. Däbersee
Kl. Däbersee
Waldsieversdorf
Berg-schäferei
Europäischer Fernwanderweg E11
Forstlicher Lehrpfad (Wdrg. 7)
Rotes Luch
Stobber
(Wdrg. 9)
Moorhof
Müncheberg
Wanderung 7
Bf Bf Waldsieversdorf
5 Schwedenschanze
Wanderung 9
6 Altes Forsthaus
7 Naturschutzgebiet Tiergarten
i Fremden-verkehrsbüro
Strandbad
Aussichtspunkt
P Parkplatz

Von Waldsieversdorf nach Buckow (Wanderung 8)

Orientierungstafel Seifertsche Mühle–Panoramaweg–Jugendherberge–Weisser See–Brechthaus–Königsstraße–Luisenberg–Schwarzer See–Orientierungstafel
(ca. 8 km, Markierung roter Strich/grüner Strich)

Die beiden wichtigsten Urlaubsorte der Märkischen Schweiz liegen nur etwa 3 km auseinander. Eine interessante Wanderung bietet die Möglichkeit beide zu besuchen. Ob dabei der Start in Buckow oder Waldsieversdorf erfolgt, ist gleichgültig. Wir wandern ab Waldsieversdorf, sodaß auch die Möglichkeit besteht, diese durch Wanderung 6 bzw. 7 um einige Kilometer zu verlängern. Beginn ist wieder an der Orientierungstafel im Ortszentrum, vorbei an der Sonnenuhr in Richtung Friedhof (roter Strich/gelber Punkt). Friedhöfe sind ja auch immer ein Spiegelbild der Zeitenläufe und durchaus einen Besuch wert. Auf dem Waldsieversdorfer begegnet uns die Vergangenheit auf Schritt und Tritt. Die Grabstätten der Familien Kindermann, von Flemming, Dühring wie auch die von Hans-Alexander von Voß, Oberst im Generalstab und Mitverschwörer des 20. Juli 1944, sind Ausdruck dafür. Einige hundert Meter weiter erreichen wir an der Seifertschen Mühle wieder den Stobberbach, der überquert wird. Der nun leicht ansteigende, mit Feldsteinen gepflasterte Fahrweg führt zum Parkplatz Eichendreieck. Dieser Weg diente einst den Bauern aus der Umgebung dazu, leichter die An- und Abfahrt zur Mühle zu bewältigen.

Der Berliner Pädagoge Max Dühring eröffnete 1914 im Ort eine Bildungseinrichtung (Pädagogikum genannt). Wir finden dieses Gebäude in der Geschwister-Scholl-Straße. Heute beherbergt es ein Kinderheim.

Die Seifertsche Mühle entstand ab 1574 als Wassermühle am Stobber (heute Werkstatt). Der ehemalige Mühlenteich ist noch gut erkennbar.

Ab dem Parkplatz lohnt ein kurzer Abstecher zum Naturschutzgebiet Gartzsee (ca. 300 Meter/gelber Punkt). Das kleinste der sechs Naturschutzgebiete im Naturpark ist ein typisches Zwischenmoor. Zum Teil mit noch offenen Wasserflächen beginnt es mehr und mehr zu verlanden. Die Wanderer seien darum gebeten, hier die Wege keinesfalls zu verlassen, denn Moore gehören zu den empfindlichsten Ökosystemen. Schwingender Boden und im Sommer tausende Stechmücken laden dazu auch nicht sonderlich ein.

In der Nähe des Parkplatzes an der Jugendherberge steht eine 350–450 Jahre alte knorrige Sommerlinde mit weiten Wurzelanläufen. Sie hat eine Höhe von 25 m und einem Umfang von 545 cm und ist Naturdenkmal.

Sommerlinde in Buckow

Vor 50 Jahren konnte man auf dem Gartzsee noch Boot fahren. Heute sind in dem verlandeten Gebiet seltene Pflanzen wie

Zurück zum Parkplatz am Eichendreieck. An der Informationstafel überqueren wir die Chaussee nach Buckow. Hier beginnt der Panoramaweg (→ vgl. Wanderung 2). An der hügeligen offenen Wiesenlandschaft vorbei schlängelt er sich bergauf und bergab bis zum alten Weg Buckow–Hasenholz. Der schön gestaltete Rastplatz lädt zum Verzehr des Wanderproviants ein. Die gepflasterte Straße verläßt nun den Panoramaweg und führt an der Försterei vorbei zum Parkplatz an der Jugendherberge. Damit sind die ersten Häuser von Buckow erreicht. Die nun folgende Strecke (grüner Punkt; entspricht → Wanderung 2), vorbei am Weissen See, dem Ostufer des Schermützelsees, zum Brechthaus und zur Ortsmitte von Buckow. Auch wer diesen Weg schon einmal zurückgelegt hat, wird feststellen, daß er mit seinen Aussichten und der Ruhe immer wieder ein Erlebnis ist. Wir nehmen gleich den Rückweg in Angriff, es sei denn die Restaurants von Buckow haben den ein oder anderen Wanderer zu einer Einkehr verführt. Vorbei an der Kirche, die Königsstraße entlang, folgt bald ein Abzweig zum Luisenberg (grüner Strich). Es geht recht steil bergan auf 77 m ü. N N. Streng wissenschaftlich genommen sind wir soeben gar nicht auf einen Berg gestiegen. Wie ist dies zu erklären? Bei genauerem Hinsehen entdeckt man, daß der Untergrund recht sandig ist. Der Luisenberg besteht aus Sand und nicht aus skandinavischen Steinen, er ist eine eiszeitliche Sandinsel.

Sonnentau, Wollgras und Moosbeeren zu Hause.

Die Revierförsterei hat an der Fahrstraße einen Heidepark mit Findlingen, Pflanzen, Bänken und Informationstafeln angelegt.

Nun, gleichgültig ob Sand oder Fels, es geht nach dem Rundblick wieder 30 m bergab ins Tal. Dabei ist in westliche Richtung bereits der Schwarze See zu erkennen. Am Weg über dem Luisenberg stehen bizarre und beeindruckende Altbuchen. Auf dem Berg selbst ist eine der größten Buchenflächen des Naturparkes zu bewundern, die besonders im Frühjahr und im Herbst eine Augenweide ist. Der Schwarze See ist wieder ein ehemaliger Eisblock (Toteis), der sich im Laufe der Geschichte mit Wasser gefüllt hat (→ vgl. Großer und Kleiner Tornowsee). Nach ca. 1 km ist die Alte Berliner Straße erreicht, der Weg nach Osten (links) führt zum Großen Klobichsee bzw. nach Münchehofe, nach rechts über den Bahndamm schnurgeradeaus wieder in die Ortsmitte von Waldsieversdorf.

Die sogenannten Sander sind ein Teil der eiszeitlichen Ablagerungen, die aus ausgewaschenem Lockermaterial der Endmoränenhügel bestehen (→ vgl. Kapitel: „Wie entstand die Landschaft der Märkischen Schweiz", S. 6 f).

Zum Schluß noch ein Hinweis. Ab dem Rastplatz am Panoramaweg läßt sich die Wanderung sehr gut verbinden mit der Umrundung des Schermützelsees (→ Wanderung 2). Dann ist die Strecke allerdings ca. 5 km länger.

Durch das Rote Luch (Wanderung 9)

Waldsieversdorf „Altes Forsthaus"–Tiergarten–Rotes Luch–„Altes Forsthaus"

(ca. 5 km, Markierung z. T. roter Strich)

Postmeilensäule

Start ist diesmal der Parkplatz an der Gaststätte „Altes Forsthaus". Sie liegt direkt an der Straße Müncheberg–Prötzel. Hier zweigt auch die Straße nach Buckow ab.

Bevor es ins Luch geht, lohnen ein paar Erkundungen um das Forsthaus. Dem Krug gegenüber steht die alte preußische Postmeilensäule, die nach jahrelanger Vergessenheit 1978 wieder aufgestellt wurde. Sie entstand um 1840 beim Bau der Chaussee. Der aus schlesischem Marmor bestehende Obelisk trägt das Initial FWR 3. Das bedeutet „Friedericus Wilhelm Rex" das Symbol für König Friedrich Wilhelm III. (König von Preußen 1797–1840). Nur wenige Schritte weiter liegt der alte Friedhof der Kirchgemeinde Wüste Sieversdorf, die sich hier einst befand. Am Orsteingang Waldsieversdorf beherbergt ein größerer Gebäudekomplex das Institut für Forstpflanzenzüchtung der Bundesforschungsanstalt für Forst- und Holzwirtschaft Hamburg, ein wichtiger Arbeitgeber der Region. Diese, in der Bevölkerung nur kurz Forstinstitut genannte Einrichtung, ging aus einer 1928 erfolgten Gründung des Kaiser-Wilhelm-Instituts hervor. Eines der Verdienste dieser Forschungsstätte ist, daß es hier um Waldsieversdorf – mehr als an anderen Standorten in Brandenburg – ein abwechslungsreiches Waldbild gibt. 21 % aller Bäume sind älter als 100 Jahre.

Die Chaussee ist als Poststraße Müncheberg–Eberswalde errichtet worden. Die Postsäule ist in ihrer Art einmalig.

Wieder auf der anderen Chausseeseite noch ein letzter Blick auf das ehemalige Herrenhaus der Familie von Flemming, das es seit 1910 in dieser Form gibt. Doch nun endlich auf zur Wanderung ins Luch. 50 Meter hinter dem Forsthaus biegt ein Waldweg ab. Zunächst entlang des Stobber überqueren wir eine Freifläche, die Große Kälberwiese und sind im Naturschutzgebiet Tiergarten. Es

166 ha um Waldsieversdorf sind heute Versuchsfläche des Forstinstitutes, auf der 11 Baumarten angezogen, gekreuzt und ge-

Umgestürzte Bäume, sandige, manchmal auch nasse Wege, lassen den Wanderer in der Märkischen Schweiz so manches Mal außer Puste geraten

hat einen sehr hohen Stellenwert als Biotop und Anschauungsbeispiel für naturnahe Waldgesellschaften in einem Niederungsgebiet. Das Gebiet ist mit Winter- und Sommerlinden, Eichen, Hainbuchen, Goldstern, Lärchensporn, Leberblümchen, Buschwindröschen, u. a. besonders artenreich. Die scheinbare „Unordnung" im Wald ist beabsichtigt, herabfallende Äste und umgestürzte Bäume bleiben unberührt, sodaß langsam ein Urwald entsteht. Schnell erreicht man den Fernwanderweg E 11 (roter Strich), in den wir links einbiegen. 500 Meter oberhalb des Weges liegt die Bergschäferei. Die Hänge des „Berges" dorthin waren früher nicht bewachsen, so daß sich ein guter Blick ins Rote Luch ergab. Leider ist er heute z. T. mit Kiefern bestanden. Die Bergschäferei, die aus ein paar recht einfachen Gebäuden besteht, macht bis heute ihrem Namen alle Ehre, mehr als 1000 Schafe umfaßt die Herde.

prüft werden. Das gesamte Versuchsrevier umfaßt mehr als 800 ha.

Am Stobber liegt der „Geschehof ... das Wohnhaus am Fließ zu Sieversdorf ...„ wie eine Urkunde von 1662 das vermutlich älteste Gehöft von Waldsieversdorf nennt.

Besonders selten in den Waldregionen Brandenburgs sind Flatterulme und Bergulme, die im Naturschutzgebiet Tiergarten vorkommen. Im Frühjahr ist das Gebiet besonders attraktiv, wenn ein Teppich von blauen Leberblümchen und weißen Buschwindröschen den Waldboden bedeckt.

Wir folgen weiter auf sandigem Boden dem Wanderweg nach Süden. Vor uns erstreckt sich das fast baumlose, moorbedeckte Luch, ein sehr interessanter Ausblick. Nach ca. 1,5 km verlassen wir den Hauptwanderweg und zweigen nach links ab. Auf ausgetretenen Pfaden geht es trockenen Fußes durchs Luch (Vorsicht bei feuchtem Wetter). Das Luch liegt hier deutlich einige Meter unter dem Niveau der Umgebung. Bevor wir nahe des alten Bahnhofes Rotes Luch den Ostrand erreichen, lohnt es sich noch einem Naturphänomen nachzugehen, der Talwasserscheide Nord-Ostsee. Auch wenn nicht sehr spektakulär (manch Wanderer spricht sogar von Enttäuschung), eine Besonderheit ist sie dennoch. Beim Überqueren des Stobbergrabens scheint das Wasser darin zu stehen. Mit einem kleinen Ast läßt sich die Fließrichtung nach Norden (Buckow) belegen. In Richtung Bahndamm kommt bald eine Stelle, von der aus das Wasser nach Süden fließt (wieder „Asttest"). Kaum merklich existiert hier ein Höhenunterschied. Somit fließt von hieraus das Wasser einmal über den Stobber und die Oder in Richtung Ostsee und ebenfalls über den Stobber in Richtung Spree und Havel in die Nordsee.

Mitte der 90-er Jahre wurde die Liegenschaft Rotes Luch auch als Wohnheim für deutschstämmige Umsiedler aus Rußland genutzt.

Der Name Rotes Luch rührt wahrscheinlich von eisenhaltigen Quellen her, deren Wasser beim Austritt an die Luft rötlich gefärbt wird.

Der Rückweg erfolgt auf der kaum befahrenen Straße, die wieder zum Forsthaus führt. Wer sich noch mit der wechselvollen Vergangenheit eines Gebäudes beschäftigen will, sollte auf der Straße angekommen kurz nach rechts über den Bahndamm gehen. Nach ca. 600 Metern ist ein umzäunter Komplex erreicht. Errichtet als Landesanstalt zur Unterbringung von Obdachlosen, ab 1920 Zöglingsheim, dann Lazarett, bis 1953 Jugendwerkhof für Schwererziehbare, danach Objekt der DDR-Armee, steht es heute leer. Kurz vor dem Erreichen des „Alten Forsthauses" stehen rechter Hand prachtvolle Winterlinden, denen man einen aufmerksamen Blick schenken sollte. Sie markieren vermutlich den Verlauf der alten Straße von Müncheberg nach Buckow.

Rund um Münchehofe

Um den Großen Klobichsee (Wanderung 10)

Münchehofe Kirche–„Schauinsland"–Zeltplatz–Eichberge–Westufer/Nordufer–„Schauinsland"–Münchehofe
(ca. 8 km, Markierung gelber Punkt)

Wer Ruhe, Waldeinsamkeit und auf weiten Strecken Natur pur sucht, ist bei einer Wanderung um den Großen Klobichsee genau richtig.

Los geht es in Münchehofe, einem kleinen, kaum 80 Einwohner zählenden Ort, gelegen in einer wald- und wasserreichen Gegend, östlich von Buckow. Die Dorfkirche mit ihrem hölzernen Turmaufsatz fällt sofort ins Auge. Sie stammt aus der Zeit der Ortsgründung durch die Zisterziensermönche in der ersten Hälfte des 13. Jahrhunderts. Da das Baumaterial aus eiszeitlichen, auf den Feldern gefundenen Steinen besteht, lautet die Bezeichnung für derartige Bauten Feldsteinkirchen. Die Kirche in Münchehofe besteht aus einem quadratischen Schiff und eingezogenem Rechteckchor.

Münchehofe ist ein ehemaliges Vorwerk (Hof) der Zisterziensermönche von Müncheberg. Der Ort wurde nach seinen Gründern benannt.

Nach einem Rundgang um den Kirchhof und den Dorfteich verlassen wir das Dörfchen in Richtung Westen („Schauinsland"/roter Strich). Nach ca. 500 Metern entlang der recht wenig befahrenen Straße ist die Ferienanlage „Schauinsland" erreicht. Dem schönen Namen macht sie alle Ehre, denn nur wenige Schritte nach rechts, bietet ein Aussichtspunkt ein unerwartetes Panorama. Ein beachtlicher Teil des insgesamt 74 ha großen und bis zu 12 m tiefen Sees liegt vor uns. Ein Ausblick, der zu jeder Jahreszeit seine Reize hat. Den schmalen Weg entlang einer kleinen Wiese bergab folgt bald ein Abzweig (gelber Punkt). Hier beginnt der eigentliche Rundwanderweg (ca. 7 km), der natürlich in beide Richtungen möglich ist. Der Vorteil, zuerst nach links, Richtung Zeltplatz sich zu wen-

Von der Ferienanlage „Schauinsland" führt die Fahrstraße bergab. Hier und auch oberhalb des Weges zieht sich eine große Bungalowsiedlung entlang, mit z. T. beachtlich großen Sommerhäusern.

Der Große Klobichsee ist im Westen von mehreren kleinen

Kirche in Münchehofe

den, liegt darin, fast am Ende der Tour diese noch um einige Kilometer verlängern zu können. Über den Zeltplatz (bei schönem Wetter lohnt ein Bad oder eine Bootsfahrt) führt der Weg zur Fahrstraße und von dort nach rechts. Obwohl wir jetzt ca. 400 Meter vom See entfernt laufen, weisen zahlreiche Flachmoore, sowie Feuchtrasen auf dessen Nähe hin. Rechter Hand liegt eine Erhöhung, der Schloßwall, und danach eine weite Wiese, die als Pferdekoppel genutzt wird. Im weiten Rechtsbogen, einige kleine Fließe überquerend, führt der Weg in dichter werdenden Wald. Immer wieder sind wasserreiche Senken zu sehen. Sie werden von wasserverträglichen Laubbäumen in recht urwüchsiger Art bestimmt (Erle, Pappel, Weide, Esche). Wir befinden uns mitten im Naturschutzgebiet Klobichsee, das für seine Flachmoore, Verlandungsgebiete, Feucht- und Trockenrasengesellschaften bekannt ist. Die kleinen Dinge der Natur, bemooste Bäume, Ameisenhaufen, Vogelgezwitscher sind es, die dem aufmerksamen Wanderer begegnen. Andere Menschen werden es hingegen kaum sein.

Südwestlich des Klobichseegebietes verlassen wir den relativ breiten Wanderweg und setzen die Tour auf einem recht schmalen Pfad fort. Manchmal ist die Markierung nicht sehr gut zu erkennen, sodaß es wichtig ist, sich immer rechts zu halten. Ein längeres Stück erfolgt bergauf, bergab, etwas abseits des Wassers (z. T. Kahlschlag), bis wir wieder das Seeufer erreichen. Auf einer kleinen Landzunge, die den See teilt, ist der Große Klobichsee fast komplett zu überschauen. Auf dem letzten Stück sollte man besonders Obacht geben, hier leben neben vielen anderen Tierarten auch Fischotter, Kranich, und die Europäische Sumpfschildkröte. Von der Landzunge aus folgen wir dem Seeufer, bis wieder „Schauins-

Seen umgeben, die durch Verlandungsprozesse abgetrennt worden sind. Daher haben diese Seen auch keinen eigenen Namen, sondern werden immer noch zum Großen Klobichsee gerechnet.

Am Rande der Waldgebiete und in den kleinen Mooren lebt auch die Waldeidechse. Das Besondere an ihr

Nur selten wird der Wanderer das häufig vorkommende Schwarzwild direkt beobachten können, dessen Spuren lassen sich jedoch häufig entlang der Wanderwege finden

land" erreicht ist. Etwa einen Kilometer davor liegt an einer Wegegabelung eine Schutzhütte etwas oberhalb des Sees, die zur Rast einlädt. Hier kann der Wanderer überlegen, ob er noch genügend Kondition für eine Verlängerung der Wandertour hat. Folgende Varianten sind möglich:

- zur Station „Drei Eichen" (1 km/grüner Punkt)
- nach Buckow (3 km/roter Strich)
- nach Waldsieversdorf (4 km/roter Strich)

Eine sehr schöne, allerdings mit ca. 10 km recht umfangreiche „Verlängerung" ist die Wanderung nach Buckow und von dort über das Stobbertal bzw. den Krugberg und Pritzhagener Mühle zurück nach Münchehofe (→ vgl. Wanderungen 3, 4, 5).

ist, dass die Jungen nicht wie sonst üblich aus Eiern schlüpfen, sondern lebend geboren werden.

Im nördlichen und westlichen Bereich des Großen Klobichsees treten als botanische Besonderheit zahlreiche Orchideenarten auf.

Von Münchehofe zur Eichendorfer Mühle (Wanderung 11)

Münchehofe–Alte Mühle–Pritzhagener Mühle–Stobbertal–Eichendorfer Mühle–Münchehofe
(10,5 km, Markierung blauer Strich, grüner Punkt, roter Strich)

Ausgangspunkt ist auch diesmal die hübsche Feldsteinkirche von Münchehofe. Am Wegekreuz folgen wir in nordwestlicher Richtung dem Fahrweg (blauer Strich) zur Alten Mühle. Obwohl für den öffentlichen Verkehr freigegeben, sind Fahrzeuge sehr selten.

Die Münchehofer Düne ist heute Bodendenkmal. Sand und Trockenheit lassen nur eine spärliche Vegetation zu, für wärmeliebende Insekten und Pflanzen ein idealer Ort.

Die Waldschule bietet ganzjährig interessante öffentliche Wanderungen an (Wanderkalender). Die Informationen sind über das Fremdenverkehrsamt in Buckow oder direkt in der Alten Mühle unter ✆ 033433/56 719 erhältlich.

Das erste Teilstück dieser Tour erfolgt über offene Feldlandschaft, die sogenannte Lebuser Grundmoräne. (→ Vgl. Kapitel: „Wie entstand die Landschaft der Märkischen Schweiz“, S. 6 f).), doch schon bald nimmt uns die Waldlandschaft wieder auf. Nach ca. 1,5 km erblickt man auf der linken Seite eine reizvolle, flach abfallende Wiesenlandschaft, die nicht nur wegen ihrer Lage einen Halt lohnt. Eine Besonderheit des natürlichen Formenschatzes befindet sich hier: die Münchehofer Flugsanddüne. In der Nacheiszeit, als es noch keinen dichten Pflanzenbewuchs gab, wurden auf den Sanderflächen Dünen aufgeweht. Trotz der heute üppigen Vegetation sind die sandigen Sedimente noch gut zu erkennen (Hinweistafel). Diesen Ort haben bereits unsere Vorfahren aus der mittleren Steinzeit (9000 v. Chr.) als „Wohnort“ auserkoren, war er doch eine der wenigen trockenen Stellen im sonst so feuchten Umland. Grabungen im 19. und in der Mitte des 20. Jahrhunderts haben dafür den Beweis erbracht. So wurden Feuersteingeräte wie Klingen und Schaber u. a. gefunden.

Kurze Zeit später blinkt der Mühlenteich durch das Unterholz, wir sind an der Alten Mühle. Sie gehörte früher zum Kloster Leubus (1232 erstmals erwähnt), seit 1927 dreht sich das Mühlrad jedoch nicht mehr. Anfang der 50-er Jahre zog die Revierförsterei hier ein. Einen Teil der Gebäude nutzt die Waldschule, eine Einrichtung des Vereins Naturschutzpark Märkische Schweiz, als ihr

Domizil. Walderlebniswanderungen, Waldschultage, Exkursionen „Mit dem Förster unterwegs" sind nur ein kleiner Teil des umfangreichen waldpädagogischen Angebotes. Neueste Attraktion in der Waldschule ist das Waldtheater für Kinder.

Kurz danach biegt rechts der Weg zur Pritzhagener Mühle ab (grüner Punkt). Etwa 2 km durch abwechslungsreichen Mischwald sind es bis dorthin. Auch die Pritzhagener Mühle hat bereits 1921 ihren Betrieb eingestellt. An ihrer Stelle steht heute ein Wohnhaus. 1827 entstand die kleine Gaststätte, da der Müller vom Mahlerlös nicht mehr leben konnte. Schon bald entwickelte sie sich zu einer bekannten Adresse für Wanderfreunde, und das ist sie auch bis heute geblieben (→ Vgl. Wanderung 4).

1375 wird die Pritzhagener Mühle erstmals erwähnt und nach der Zerstörung im Dreißigjährigen Krieg 1650 neu aufgebaut.

Direkt am ehemaligen Mühlenteich weist ein Holzschild auf die „Hölle" hin, und zu dieser wollen wir nun auch wandern. Die Wegstrecke bis zur Eichendorfer Mühle ist ein romantischer Weg durch Wiesen und Wald, entlang des Stobber, vorbei an Pferdekoppeln und Feuchtgebieten. Linker Hand ist der Anstieg zur Hochfläche zum Teil sehr deutlich zu sehen, rechts bieten sich oft Ausblicke auf weite Wiesenflächen. Zuerst zweigt die Junker Hansens Kehle ab und schon bald ist die „Hölle" erreicht. Diese entpuppt sich als kleiner, tief eingeschnittener Bach, der von der Hochfläche sein klares Wasser zum Stobber bringt. Auch die „Hölle" ist eine der sogenannten Kehlen, mit der Besonderheit, daß hier Wasser entlang fließt. Der Ursprung des Namens ist unklar, aber vielleicht liegt es an den dunklen Wäldern und an der düsteren Stimmung an Schlechtwettertagen. 44 Meter ragt ein wenig weiter der Inselberg empor. Begleitet von diesen abwechslungsreichen Landschaftsbildern wird die Eichendorfer Mühle erreicht.

Die Junker Hansens Kehle hat ihren Namen von Hans von Reutzen, der hier einst gejagt haben soll. Der von ihm verfolgte Hirsch griff in seiner Todesangst den Junker an und spießte ihn aufs Geweih. Des Nachtens geht er noch

Die Mühle wurde von Peter von Eykendorff aus dem damals in der Region bekannten märkischen Adelsgeschlecht errichtet. Der eigentliche Mahlbetrieb wurde bereits im Jahr 1663 eingestellt, danach wurde sie als Holzschneidemühle genutzt. Obwohl sich schon längst kein Mühlstein mehr dreht (heute Wohnhaus und The-

Besonders beliebt sind die Exkursionen „Mit dem Förster unterwegs", die die Waldschule regelmäßig durchführt. Hier wird ein Baum „vermessen"

heute um und durchtobt mit lautem „Hallo" die Schlucht.

rapiestätte), verströmt die Lage inmitten von Wiesen, Wäldern, See und Bach doch einen romantischen Zauber. So mag es auch nicht verwundern, daß aus dem Geschlecht der Mühlengründer von Eykendorff, auch einer der bekanntesten Dichter der Romantik stammt, Joseph Freiherr von Eichendorff (1788–1857). Häufig war er hier zu Besuch und widmete der Märkischen Schweiz hübsche Verse.

Direkt an der Mühle biegt ein Wanderweg nach rechts ab (roter Strich), der uns durch den Hermersdorfer Forst zurück nach Münchehofe bringt.

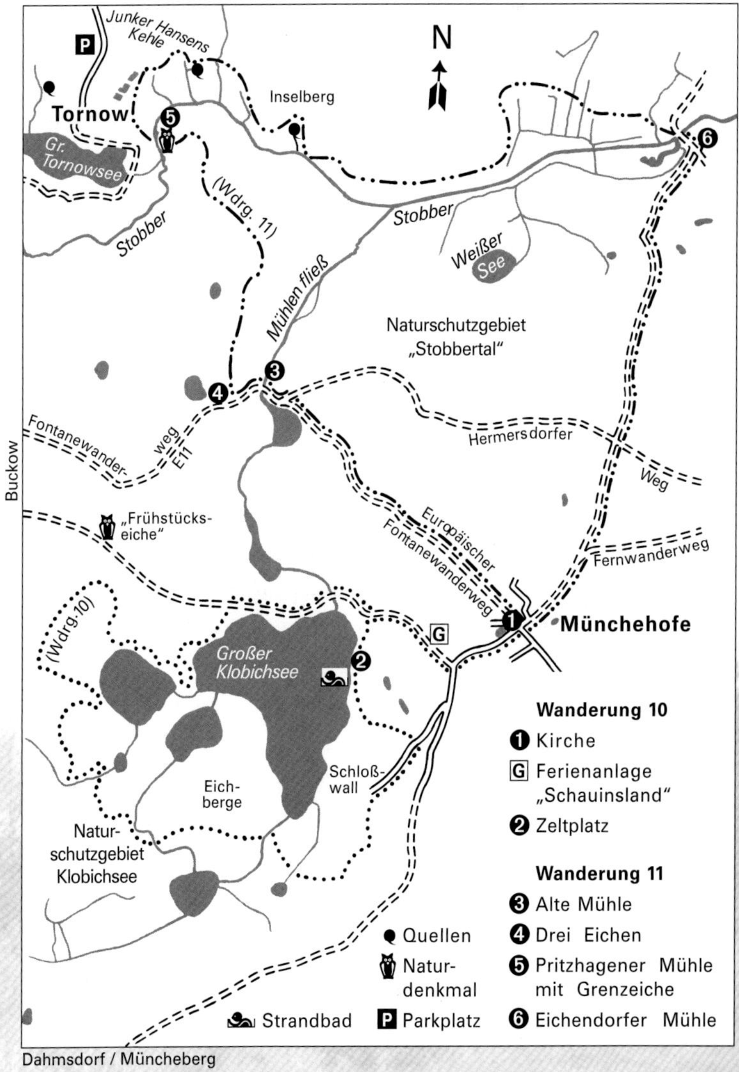
N
Junker Hansens Kehle
Tornow
Gr. Tornowsee
Inselberg
Stobber
Stobber
(Wdrg. 11)
Mühlenfließ
Weißer See
Naturschutzgebiet „Stobbertal“
Fontanewanderweg E11
Hermersdorfer Weg
Buckow
„Frühstücks-eiche“
Europäischer Fontanewanderweg
Fernwanderweg
Münchehofe
(Wdrg.10)
Großer Klobichsee
Schloß-wall
Eich-berge
Natur-schutzgebiet Klobichsee
Wanderung 10
1 Kirche
G Ferienanlage „Schauinsland“
2 Zeltplatz
Wanderung 11
3 Alte Mühle
4 Drei Eichen
5 Pritzhagener Mühle mit Grenzeiche
6 Eichendorfer Mühle
Quellen
Naturdenkmal
Strandbad
Parkplatz
Dahmsdorf / Müncheberg

Rund um Müncheberg

Stadtrundgang Müncheberg mit Naturkundlichem Tiergarten (Wanderung 12)

Markt–Berliner Torturm–Stadtmauer–Stadtpfarrkirche St. Marien–Küstriner Torturm–ehemaliger Kleinbahnhof–Berliner Torturm–Naturkundlicher Tiergarten–zurück zum Markt

(ca. 5 km, keine besondere Markierung)

Am 6. Dezember. 1999 wurde nach nur gut einjähriger Bauzeit die Umgehungsstraße B 1 eröffnet. 12 Millionen DM kostete die großzügige 6,4 km lange Strecke, auf der bis zu 10 000 Autos täglich am Ort vorbeigeführt werden.

Die Stadt Müncheberg stellt das südliche Eingangstor zum Naturpark dar und ist doch bei vielen Besuchern des Gebietes noch wenig bekannt. Das mag zwei Gründe haben. Zum einen die Verkehrssituation: Bis Ende 1999 rollte der Durchgangsverkehr der B1/B5 mitten durch die Stadt, und so war Müncheberg vor allem als Staufalle gefürchtet. Zum anderen ist viel Charme und Charakter durch die sinnlose Zerstörung der Stadt im April 1945 verlorengegangen, die 85 % der Gebäude in Schutt und Asche legte.

Doch viel hat sich seit 1990 zum Positiven verändert, und ein Spaziergang durch den Ort und in die Umgebung lohnt sehr. Beginnen soll der Stadtrundgang am Markt (Parkmöglichkeiten hier oder am ehemaligen Stadtbahnhof). Zu Beginn einige Worte zum Ort selbst. Müncheberg zählt zu den ältesten Städten der Mark Brandenburg. Als Gründungsdatum gilt der 29. Juni 1232, der Tag der ersten urkundlichen Erwähnung von „cititas Lubes". Doch schon 1233 tauchte in einer Urkunde des Papstes Gregor IX. „Municheberc" auf, benannt nach dem hier ansässigen Zisterziensermönchen aus dem schlesischen Kloster Leubus. Mitte des 14. Jahrhunderts galt der Ort als einer der bedeutendsten Brandenburgs. Ursache dafür war die Lage am wichtigen Handelsweg von Berlin nach Osten. Müncheberg bekam das Recht Bier zu brauen, Münzen zu

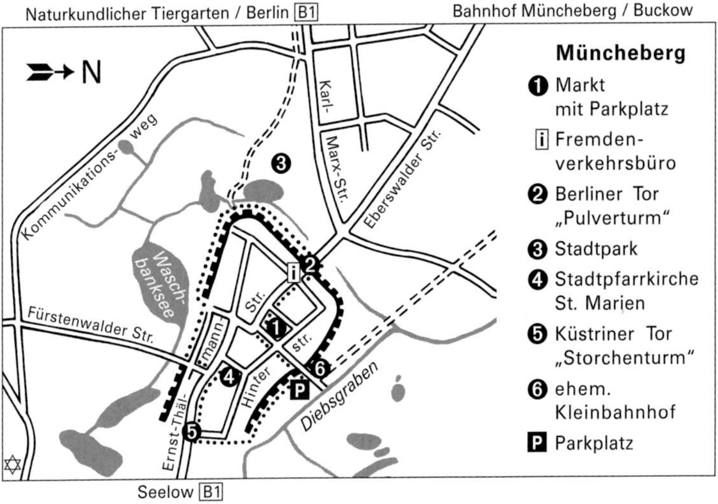

prägen, Gericht zu halten, Kornschiffe auf der Oder zu betreiben. Viele bekannte Persönlichkeiten machten im Laufe der Jahrhunderte hier halt, u. a. Friedrich der Große, August der Starke, Kaiser Napoleon I., Fritz Reuter, Franz Liszt und natürlich auch Theodor Fontane. 1945 schien nach wechselvoller Geschichte das Ende gekommen zu sein, doch die Stadt überlebte auch diesen Sturm. Am Markt sieht man noch die Wunden dieser Zeit, denn es gibt kaum historische Gebäude.

Doch der erste Eindruck täuscht. Nur ca. 200 Meter nach Westen und der Berliner Torturm ist erreicht. Hier beginnt die Überraschung, die Stadt hat mit 1800 Meter Länge eine der wenigen fast vollständig erhaltenen Stadtmauern in Norddeutschland. Wer etwas Zeit mitgebracht hat, sollte als Einstimmung das kleine Museum im Torwächterhaus (auch Sitz der Stadtinformation) und den Torturm besuchen. Der nun folgende Weg führt als Promenade immer entlang der Stadtmauer, die ab 1319 mit einer Höhe von 6–7 Metern errichtet wurde. Wir laufen nach links auf dem ehemaligen Stadtgraben (im 18. Jh. eingeebnet und verfüllt). Der Promenade schließen

Der Pianist Franz Liszt hatte in Müncheberg ein Gastspiel und komponierte die Operette „Der Postillion von Müncheberg“. Hintergrund war sicher, daß die Stadt als eine der größten Poststationen Brandenburgs galt.

Die früher 29 Weichhäuser waren im Abstand von 15–30 Metern angelegt. Das entsprach

Berliner Torturm mit Torwächterhaus

sich hübsche Kleingärten an. Die erste Öffnung befindet sich an der Hirtengasse. Die dahinter befindliche Französische Straße war ab 1699 Wohnort der zugewanderten Hugenotten. Auffällig sind die Weich- oder Wieckhäuser in der Stadtmauer. Sie dienten zur besseren Verteidigung (aus der Mauer „ausweichend"). Nach etwa 300 Metern erblicken wir den Waschbanksee, an der ehemals die Badeanstalt lag. Kurz danach beginnt die Fürstenwalder Straße, deren schöne Lindenbäume sofort auffallen. Von hier sind es nur ein paar Schritte nach links bis zu der den Ort überragenden Stadtpfarrkirche St. Marien. Sie ist ein beeindruckender Bau und unbedingt zu besichtigen. Vom 48 Meter hohen Kirchturm, der 1829 nach Entwürfen von K. F. Schinkel entstand, erwartet den Besucher ein herrlicher Blick über die Märkische Schweiz, bei gutem Wetter bis nach Berlin. Besonders bemerkenswert ist auch der Abstand von 4 Metern zwischen Turm- und Kirchenschiff, den der Baumeister aus Stabilitätsgründen anlegte. 1945 stark zerstört, erstrahlt das Gotteshaus seit 1997 wieder im alten Glanze. Von der Kirche sind es nur wenige Meter bis zum Storchenturm. Warum der Küstriner Torturm so genannt wird, ist bei einem Blick zur Spitze gut zu erkennen. Hier nehmen Störche regelmäßig Quartier. Der 23 Meter hohe Verteidigungsturm hat bis 2,6 Meter Mauerstärke. Das kurioseste an ihm ist allerdings die außen angebrachte monströse Keule und das Schild darunter mit folgendem Wortlaut:

„Wer giebt seinen Kindern Brod
und leidet selber Noth
den soll man schlagen
mit dieser Keule todt"

einer Pfeilschußweite. Von ihnen konnte die gesamte Mauer beobachtet werden.

St. Marien ist mehr als eine Pfarrkirche. Sie beherbergt in ihrem modernen, bemerkenswerten Einbau auch die Stadtbibliothek und dient als

Dieser nicht sehr menschenfreundliche anmutende Spruch soll auf einen Tuchmachermeister um das Jahr 1394 zurückgehen. Er vermachte bereits zu Lebzeiten seinen Kindern Hab und Gut, und wurde dann von ihnen vernachlässigt. Lassen wir den Torturm hinter uns und folgen weiter der Stadtmauer, ist schnell der nördliche Teil erreicht. Nochmals wird die diese am ehemaligen Kleinbahnhof unterbrochen. Der war von 1909 bis 1967 der Endpunkt der Verbindung Bahnhof Müncheberg–Stadtzentrum. Von hier sind es wiederum nur wenige Meter bis zum Marktplatz. Da dieser historisch interessante Spaziergang für Wanderer nur eine „Erwärmung“ darstellt, sollte der Rundgang zumindest bis zum Naturkundlichen Tiergarten fortgesetzt werden. Dazu gehen wir zurück zum Berliner Torturm, von dort den schon bekannten Weg bis kurz vor die Hirtengasse, wo ein Pfad, der sogenannte Wiesenweg abgeht. Vorbei an der Rückseite der katholischen Kirche ist es nur ca. 1 km bis zur Festwiese am Schützenhaus. Unweit davon liegt der Eingang zum Naturkundlichen Tiergarten. Nachdem zwei Mark Obolus entrichtet sind, gibt das Drehkreuz den Weg frei. Auf einer Brachfläche mit alten Schießständen entstand in den letzten Jahren ein neues Müncheberger Kleinod. Auch wenn noch nicht alle Arbeiten beendet sind, mit Gehegen für Reh-, Rot-, Schwarz- und Muffelwild sowie für eine besondere Schafrasse, die Skudden, aber auch mit Kinderspielplatz, Fütterhütte, Grillplatz u. a. ist den Verantwortlichen eine bemerkenswerte, jedes Alter ansprechende, Anlage gelungen (→ Vgl. Karte). Nach einem geruhsamen Rundgang sind sicher alle Besucher nicht nur an Eindrücken, sondern auch an Wissen reicher. Der naturkundliche Tiergarten hat folgende Öffnungszeiten: Nov.–April täglich 8.00–16.00 Uhr, Mai–Okt. täglich 8.00–18.00 Uhr.

Wer von hier nicht sofort zur Stadt zurückgehen will und dessen Wissensdurst noch nicht gestillt ist, kann noch den Waldlehrpfad anschließen (→ Vgl. Wanderung 13). Gegenüber dem Eingang zum Naturkundlichen Tiergarten gibt es Parkmöglichkeiten, so daß ein Besuch des Tiergartens auch ohne Stadtrundgang möglich ist.

Seminar- und Tagungsstätte. Öffnungszeiten: Mo, Fr 10.00–16.00 Uhr, Die 10.00–18.00 Uhr, Do 10.00–17.00 Uhr, So 13.00–17.00 Uhr. Anmeldung ✆ 033432/72806.

In ca. 5 Meter Höhe ist der ehemalige Eingang am Küstriner Torturm noch gut erkennbar. Die untere Tür entstand erst im 19. Jh.

Am Küstriner Torturm geradeaus und rechts in den Tempelberger Weg sind es ca. 600 Meter bis zum alten jüdischen Friedhof. Bis 1933 schrieben jüdische Familien Müncheberger Geschichte mit (ältester Grabstein von 1762).

Zum Müncheberger Waldlehrpfad und Gumnitzsee (Wanderung 13)

Müncheberg Tiergarten–Waldlehrpfad–Naturschutzgebiet Gumnitzsee–ZALF–Brigittenhof–Müncheberg
(je nach Variante 4,5/8/14 km, Markierung örtliche Hinweisschilder)

Am Wegesrand vom Tiergarten zum Waldlehrpfad erblicken wir etwas oberhalb ein monumentales Standbild. Es erinnert mit der Darstellung eines russischen Soldaten an das Jahr 1945.

Diese abwechslungsreiche Tour hat den Vorteil, je nach Variante als Nachmittagsspaziergang oder als Tageswanderung zu dienen. Start ist am Parkplatz Tiergarten. Dort sollte man entscheiden, ob die Besichtigung der Anlage gleich am Anfang oder zum Ende der Rundstrekke auf dem Programm stehen sollte. Verpassen sollte man die liebevoll gestaltete Anlage auf keinen Fall. (→ Vgl. Wanderung 12).

Wir folgen dem Hinweisschild Stadtwald/Waldlehrpfad. Der Weg verläuft parallel zur Hauptstraße, um nach ca. 900 Metern diese zu überqueren (kurz vor dem Abzweig der Umgehungsstraße). Hier beginnt der in den letzten Jahren neu angelegte Waldlehrpfad (kleiner Parkplatz). Ein Blick auf die Karte zeigt die Streckenführung. Zuerst folgen wir dem Hinweisschild Vogelsang/Fichtengrund. Entlang des Weges wurden zahlreiche sachkundig gestaltete Hinweistafeln, z. B. über den Aufbau des Laubwaldes, die Bedeutung der Jahresringe und die Beschreibung einzelner Baum- und Pflanzenarten aufgestellt. Der Wunsch der Gestalter des Pfades am Wegesanfang „Wir hoffen, daß unser Waldlehrpfad Sie inspiriert", geht dabei zweifellos in Erfüllung. Das Hinweisschild Vogelsang entpuppt sich als interessant gestaltete „Vogeluhr". Sie zeigt, wann welcher Vogel mit seinem Gezwitscher erwacht. „Frühaufsteher" ist der Hausrotschwanz, „Langschläfer" der Sperling. Weiter führt der Weg Richtung Fichtengrund und dabei am „Hänsel und Gretel Wald" vorbei. Kurz danach folgen wir nach links dem Hinweis-

Im Naturkundlichen Tiergarten

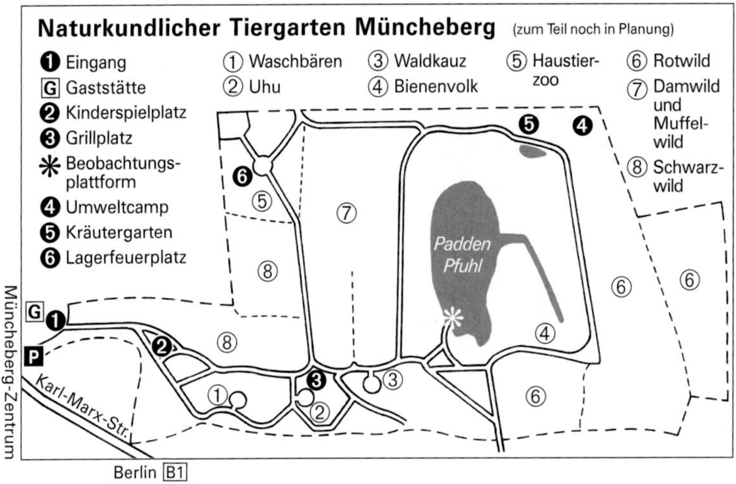

schild „Drei Ulmenplatz“. Das nun folgende Wegekreuz (Rondell mit Schutzhütte) zwingt zur Entscheidung, wie es weiter gehen soll. Der Waldlehrpfad führt geradeaus zum „Drei Ulmenplatz“, und von dort zur Hauptstraße und wieder zurück zum Ausgangspunkt. Vom Parkplatz Tiergarten sind das insgesamt ca. 4,5 km, eine interessante, lehrreiche Tour gerade für Familien mit Kindern.

„Vogeluhr“: Der Hausrotschwanz erwacht 75 Min., die Amsel 63 Min. und das Rotkehlchen 57 Min. vor Sonnenaufgang

Wem diese Strecke zu kurz ist, folgt nach rechts dem Schild Richtung Schlagenthin. Nach 1 km ist der Waldrand erreicht. Hier bietet sich ein schöner und interessanter Blick auf das Naturschutzgebiet Gumnitz und Großer Schlagenthinsee. Es ist ein in Verlandung befindliches Seengebiet mit Feuchtwiesen und Niedermoor (früher z. T. als Torfstich genutzt). Eine Rast und ein Spaziergang ein paar Meter entlang des Sees sind lohnend. Unseren weiteren Weg setzen wir nach rechts fort (Hinweisschild Diebsgraben). Immer entlang des Waldrandes, mit Blick auf die Feuchtwiesen, taucht schnell ein „Haus am Wald“ auf. Der nun beginnende Rückweg führt auf der Höhe dieses Hauses nach rechts, entlang des Grabens, zur Ringstraße und den ersten Häusern von Müncheberg. Die Ringstraße (Weg am Waldrand) führt am Friedhof vorbei

Im Naturschutzgebiet Gumnitz und Großer Schlagenthinsee leben ca. 130 Vogelarten (u. a. eine Reiherkolonie) und viele Schmetterlingsarten.

Stadtpfarrkirche St. Marien

zurück zum Beginn des Waldlehrpfades. Am Parkplatz Tiergarten angelangt, sind 8 km geschafft. Sollte auch diese Variante noch zu kurz sein, dann bitte an der Brücke über den Graben nicht nach rechts abbiegen, sondern geradeaus bis zur Straße Müncheberg–Buckow. Diese müssen wir 200 Meter zurück in Richtung Müncheberg gehen (Ortseingangsschild), sie überqueren und nach links abbiegen. Vorbei am ZALF (Zentrum für Agrarlandschafts- und Landnutzungsforschung e. V.), der Nachfolgeeinrichtung des im Jahr 1928 gegründeten Kaiser-Wilhelm-Instituts für Pflanzenzüchtung und der KITA geht der Fahrweg schnell in unbebaute Natur über. Nach etwa 1,5 km vorbei am Kleinen Schlagenthinsee, über die Bahnschienen, wird kurz vor Dahmsdorf eine Straße erreicht (Abstecher nach Dahmsdorf möglich, → Vgl. Wanderung 14). Dieser Straße folgt man ca. 2,5 km bis zum ehemaligen Gut Brigittenhof. Der Weg kann problemlos genutzt werden, denn dessen katastrophaler Zustand (er besteht aus einer Aneinanderreihung von Schlaglöchern), verhindert den Autoverkehr. Brigittenhof paßt sich dem Straßenzustand an, Reste von Feldsteinhäusern verfallen, sollte nicht ein Wunder geschehen, ist die Ansiedlung bald wüst.

Am Diebsgraben führt ein Feldweg zum Großen Schlagenthinsee. Für Tierbeobachtungen bitte das Fernglas nicht vergessen.

Kurz hinter Brigittenhof führt ein Feldweg nach rechts. Ein Hochstand weist den Weg. Dieser Pfad führt direkt nach Müncheberg, das mit seiner Kirche und dem Wasserturm – einem Wahrzeichen der Stadt – schon von Weitem grüßt. Entlang des Münchehofer Weges wandern wir bis zum Berliner Torturm (→ Vgl. Wanderung 12) und von dort durch den Wiesenweg bis zum Parkplatz am Tiergarten.

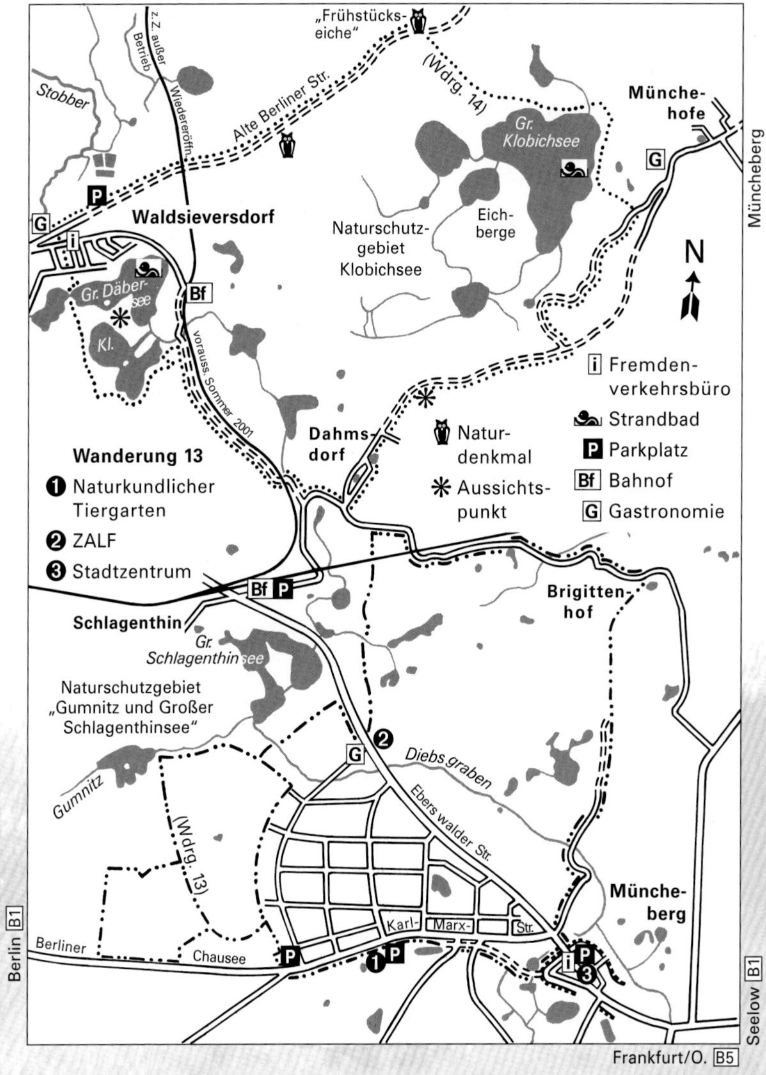
„Frühstücks-
eiche“
(Wdrg. 14)
z. Z. außer Betrieb
Wiedereröffn.
Alte Berliner Str.
Stobber
Münche-
hofe
Müncheberg
Gr. Klobichsee
G
P
Waldsieversdorf
Naturschutz-
gebiet
Klobichsee
Eich-
berge
N
i
Gr. Däber-
see
Bf
Kl.
voraus. Sommer 2001
i Fremden-
verkehrsbüro
Strandbad
P Parkplatz
Bf Bahnof
G Gastronomie
Dahms-
dorf
Natur-
denkmal
Aussichts-
punkt
Wanderung 13
1 Naturkundlicher
Tiergarten
2 ZALF
3 Stadtzentrum
Schlagenthin
Bf P
Brigitten-
hof
Gr.
Schlagenthinsee
Naturschutzgebiet
„Gumnitz und Großer
Schlagenthinsee“
Diebs graben
Gumnitz
Ebers walder Str.
(Wdrg. 13)
Münche-
berg
Karl-
Marx-
Str.
Berliner
Chausee
Berlin B1
Seelow B1
Frankfurt/O. B5

Von Müncheberg zum Großen Klobichsee und nach Waldsieversdorf (Wanderung 14)

Müncheberg Bahnhof–Dahmsdorf–Großer Klobichsee–Frühstückseiche–Alte Berliner Straße–Waldsieversdorf–Bahnhof Müncheberg

(ca. 16 km, Markierung nur teilweise, gelber Punkt, roter Strich)

Da der Bahnhof von Müncheberg weit außerhalb der Stadt liegt, gab es ursprünglich eine Bahnverbindung zum Zentrum. Der Bahndamm ist noch zu erkennen, seit 1967 fährt die Kleinbahn jedoch nicht mehr.

Müncheberg bietet nicht nur Historisches, den Tiergarten und den Waldlehrpfad, sondern ist auch als Stadt für Wandertouren gut geeignet (Anreise per Bahn ab Berlin bis Müncheberg). Ausgangspunkt ist diesmal der ca. 3 km vor der Stadt liegende Bahnhof (Parkplatz). Die relativ lange Tour eignet sich auch für Radfahrer, wobei einige kurze Abschnitte schmale sandige Waldwege sind, auf der das Rad auch mal geschoben werden muß.

Dahmsdorf hatte viele Besitzer wie den Erzbischof von Magdeburg, das Kloster Leubus, die Familie von Flemming u. a.

Der erste Abschnitt folgt der Fahrstraße nach Dahmsdorf (Überqueren der Bahnstrecke kurz hinter dem Bahnhof). Nach ca. 1,5 km ist der idyllische Ort erreicht, er präsentiert sich in der für Brandenburg typischen Form eines Angerdorfes. Die Feldsteinkirche mit dem hölzernen Aufsatz, der Kirchhof umgeben mit einer alten Mauer und davor Wiesen, die als Schafweiden genutzt werden, sind ein Bild, das aus längst vergangenen Tagen zu stammen scheint. Der Ortsname war ursprünglich Tomasdorff (wahrscheinlich der Name der ersten Siedlerfamilie), dann Damestorff, bis daraus Dahmsdorf wurde.

Kurz hinter dem Dorfausgang liegt rechter Hand ein Aussichtspunkt, der einen schönen Blick auf das Naturschutzgebiet Klobichsee freigibt, unser nächstes Ziel. Nach gut 2 km, vorbei an hügeligen Feldern, das letzte Stück bergab durch den Wald, ist der Rundweg um den Klobichsee erreicht (→ Vgl. Wanderung 10). Diesem folgen wir nach rechts Richtung Zeltplatz (Münchehofe) und weiter bis zur Schutzhütte am Nordrand. Nach einer kurzen Rast mit Blick über den See sind es ca. 1,5 km bis zur Frühstückseiche (roter Strich; → Vgl. Wanderung 5). Ab der Frühstückseiche weitere 2 km bis Buckow, sodaß die Möglichkeit besteht, dort nach ca. 9 km die Wande-

Am Kreuzungspunkt der Alten Berliner Straße mit der Bahnlinie gibt es eine wei-

rung zu beenden (Rückfahrt mit dem Bus bis Müncheberg). Unser Weg verläuft aber auf der Alten Berliner Straße Richtung Waldsieversdorf (Europaradweg R 1) weiter. Hier entlang ritten schon der Alte Fritz und Napoleon, allerdings damals durch unbewaldetes Gebiet. Bald geht es recht steil bergab zum Naturdenkmal Rotbuche. Der immerhin schon 180 Jahre alte Baum hat einen Umfang von 4 Metern und eine Höhe von 27 Metern. Nach Überqueren der Bahnschienen ist es nicht mehr weit bis Waldsieversdorf. An der Sonnenuhr wenden wir uns nach links (→ Vgl. Wanderung 6), um über die Sauerkirschenallee, vorbei am Wasserturm, die Himmelsleiter hinab, die Steinbrücke am Großen Däbersee zu erreichen. Den mit einem grünen Punkt beschilderten wunderschönen Spazierweg (auch Forstlehrpfad) folgen wir zumeist entlang des Kleinen Däbersees/Papillensees, bis wir wieder auf die Bahnstrecke treffen. Bei schönem Wetter lohnt ein Abstecher zum Waldsieversdorfer Strandbad. Von hier aus läuft immer parallel zur Bahnlinie der mit einem roten Strich gekennzeichnete Weg bis zum Bahnhof Müncheberg (ca. 2,5 km). Die Strecke ist begleitet von einem abwechslungsreichen Relief. Besonders die häufigen Mulden, zum Teil mit Bäumen bestanden, mitten auf den Feldern fallen auf. Das sind sogenannte Sölle. Diese ehemals kleinen Toteisblöcke der Eiszeit blieben liegen, tauten auf und trockneten, da sie keine Verbindung zum Grundwasser hatten, meist aus. Sie blieben aber bis heute feuchte Mulden, in der sich das Oberflächenwasser sammelt. Für die Tierwelt sind sie ein wichtiges Rückzugsgebiet (Niederwild, Vögel, u. a.). Sölle werden seit der Rodung der Wälder im 13. Jahrhundert aus der Nutzung bewußt herausgehalten. Die Feuchtigkeit würde dazu führen, daß Mensch, Tier oder Maschine einsinken.

Frühstückseiche

tere Möglichkeit die Tour abzukürzen. Nach Norden sind es 1,2 km bis zum Bahnhof Buckow, nach Süden 0,7 km bis zum Bahnhof Waldsieversdorf.

Rund um Altfriedland

Rundwanderung um den Klostersee und Altfriedland (Wanderung 15)
Langes Haus–Kietzer See–Straße nach Neutrebbin–Klostersee–Klosterruine–Langes Haus
(ca. 5,5 km, Markierung grüner Punkt)

Ganz im Osten des Naturparkes gibt es ein weiteres Juwel der Region zu bewundern, das Altfriedländer Teichgebiet. Lange lag der Ort etwas im Schatten von Buckow und Waldsieversdorf. Das hat sich inzwischen geändert. Trotzdem findet der Wanderer hier noch eine friedvolle Idylle, Natur pur.

An der Spitze der Kietzer Fischergemeinde stand der Wasserschulze, der noch bis ins 19. Jahrhundert hinein in allen Fischereiangelegenheiten das Sagen hatte.

Die Zahl der slawischen Fischer wurde 1375 mit 10, 1678 mit 7 angegeben. Ihre Rechte und Pflichten waren genau festgelegt.

Altfriedland liegt schon außerhalb der Hochfläche im Randbereich des Oderbruchs. Die einmalige Lage des Ortes wird eigentlich erst so richtig in einem Luftbild deutlich, rings herum Wasser. Eine Landzunge schiebt sich zwischen Kloster- und Kietzer See. Der Name Klostersee deutet es schon an, wer hier einmal das Sagen hatte. Um 1250 entstand das Nonnenkloster der Zisterzienser mit dem Namen Vredelandt. Allerdings existiert der Ort schon viel länger, denn slawische Fischer gründeten ihn einst. Die Bezeichnung Kietz erinnert bis heute daran. Mit den deutschen Kolonisten verloren sie nach und nach ihre Selbständigkeit und vermischten sich mit den Bauern. Bis heute setzen die zwei Fischereibetriebe und die Sportangler die jahrhundertealte Tradition fort. Wer mehr dazu wissen und erleben möchte, sollte das alljährliche Fischerfest besuchen, das immer am 1. Augustwochenende stattfindet. Doch zurück zur Ortsgeschichte. Ab 1250 bis ins 16. Jahrhundert hat das Kloster die Macht über den Ort und über die Umgebung. Nach der Auflösung in der Folge der Reformation begann der Verfall der Anlage. Erst 1733 entschloß man sich die

„Wüst liegende Klosterkirche" wieder herzurichten. Über dies, wie auch über die sonst wechselvolle Geschichte bis hin zum heutigen Naturschutz erfährt der interessierte Wanderer Vieles in der kleinen Heimatstube. Das „Lange Haus" genannte schöne einstöckige Gebäude in der Hauptstraße ist auch Start unserer Wanderung. Eine gute Idee des Fremdenverkehrsvereins ist es auch, jedem Interessierten ein Faltblatt mitzugeben, das die wichtigsten Informationen zur Strecke enthält. Vorbei am Gasthaus „Zur Wende" liegt rechts der älteste Ortsteil, der ehemalige Fischerkietz. Geradeaus führt der Wanderweg aus dem Dorf hinaus. In der Klosterstraße steht noch ein Exemplar einer Tabakscheune. Diese scheinbar merkwürdig gebauten Hütten haben Spalten zwischen den einzelnen Brettern, so daß ein Luftzug entsteht, der die darin aufgehängten Tabakblätter trocknet. Schon etwas außerhalb erreichen wir die Vogelbeobachtungskanzel am Stobber. Der Blick geht über den ca. 200 ha großen Kietzer See, der heute als Fischteich genutzt wird.

Pfarrhaus in Altfriedland

Der Tabakanbau wird im begrenzten Umfang noch heute betrieben. Diese Tradition ist ca. 300 Jahre alt und geht auf eingewanderte Hugenotten zurück.

Wirtschaftliche Nutzung und Naturschutz ergänzen sich hier, denn das Teichgebiet um Altfriedland ist als Europäisches Vogelschutzgebiet ausgewiesen. Hier brüten Enten, Flußseeschwalben und Graugänse sowie der scheue Eisvogel. Es ist Durchzugsgebiet für jährlich 6 000 Gänse und Nahrungsrevier für solche Seltenheiten wie Seeadler, Fischadler, Weiß- und Schwarzstorch. Am Barschgraben (Abfluß des Klostersees) wird die Straße Neutrebbin–Gottesgabe erreicht, der wir ca. 500 Meter in Richtung Gottesgabe (Westen) folgen müssen. Wieder die Straße verlassend sind es ca. 800 Meter bis zum Klostersee. Etwa 1 km führt der Weg nun immer entlang des Ufers. Gelegentlich führen Stege hinein, die einen schönen Blick nach Altfriedland ermöglichen. Der ehemalige Gutspark (zum Teil alter Baumbestand) erinnert

Die Heimatstube „Langes Haus" in Altfriedland ✆ 033476/50957 gibt jährlich einen Wanderkalender heraus, der sehr zu empfehlen ist. „Vogelhochzeit", „Im Reich der Rohrweihe", „Einmal kann man sie alle essen" (Pilzwanderung) sind nur eine kleine Themenauswahl.

Klosterkirche und -ruine

daran, daß in Altfriedland ab 1788 eine sehr energische, weit über die Grenzen bekannte Frau wirkte. Dies war Charlotte von Lestwitz, besser bekannt als Frau von Friedland. Selbst Fontane und der Agrarreformer Albrecht Daniel Thaer widmeten ihr längere Aufzeichnungen. Ungewöhnlich für eine Frau in der damaligen Zeit leitete sie das Gut selbst, ritt über die Felder, kümmerte sich um den Ackerbau, die Mühlenwirtschaft und die Brennereien. So schrieb Thaer über Frau von Friedland: „Wir haben gewiß vier Spann Pferde müde gefahren. So etwas von Aktivität ist mir noch nie vorgekommen. Sie hat über ein Dutzend Verwalter … und dennoch kennt sie jeden kleinen Gartenfleck, jeden Baum, jedes Pferd, jede Kuh…".

Die Grabstätte der Frau von Friedland finden wir übrigens in dem nur wenige Kilometer entfernten Kunersdorf.

Nicht weit entfernt stehen die Klosterkirche und die Klosterruine, neben der Natur die Hauptattraktion von Altfriedland. Die wechselvolle Geschichte der Anlage ist am Ostgiebel der Kirche nachzulesen. Vieles Weitere zum Wirken des Ordens, nicht nur in Altfriedland sondern in ganz Brandenburg, finden wir auf einer interessanten Informationstafel an der Hauptstraße. Auf jeden Fall sollte man sich etwas Zeit nehmen um durch die Gemäuer zu spazieren. Reste eines Kreuzganges, das ehemalige Refektorium mit wunderschönem Sterngewölbe (Deckenmalerei) und die 1734 erneuerte Kirche sind zu besichtigen. Am Amtshaus von 1725 (ehemaliges Gutshaus) und dem etwas zurückgesetzten wunderschönen Pfarrhaus vorbei, sind wir wieder am Ausgangspunkt.

Wen diese Wanderung hungrig und durstig gemacht hat, sei ein Abstecher in den Dorfgasthof „Zur Wende" empfohlen. Bei schönem Wetter kann man auf der Ter-

Um die Vögel nicht zu beunruhigen dürfen die Wege keinesfalls verlassen werden. Nicht vergessen sollte man jedoch ein Fernglas.

Altfriedland ist ein Anglerparadies. Inhaber eines Fischereischeins können bei der Fischerei/ Anglerparadies (Hauptstraße 1) ihr Anglerglück versuchen. Sollte sich kein Erfolg bei Forelle, Karpfen, Wels oder Barsch einstellen, gibt es

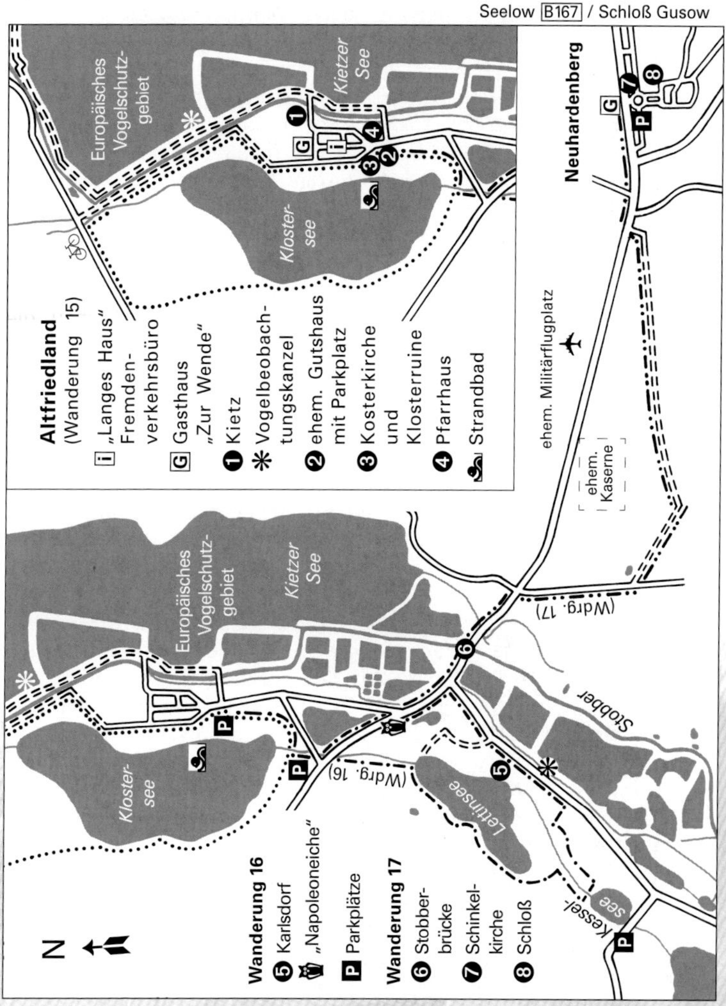

rasse sitzend das Dorfleben beobachten. Übrigens hat der Name nichts mit der großen Politik zu tun, hier wendet nur die Dorfstraße.

Frischfisch oder auch Räucherware zu kaufen.

Rund um den Lettinsee (Wanderung 16)

Parkplatz B 167–Lettinsee–Kesselsee–Karlsdorf–Napoleoneiche–Parkplatz
(ca. 4,5 km, Markierung grüner Strich)

Der Siebgraben ist künstlich angelegt und verbindet den Kloster- mit dem Lettinsee.

Die Rote Waldameise steht unter Naturschutz. Als Insektenfresser befreit sie die gesamte Umgebung von Schad-

Diese relativ kurze Wanderung läßt sich gut mit der Tour 15 kombinieren. In diesem Falle biegen wir am Siebgraben (kurz hinter dem ehemaligen Gutspark) nach rechts Richtung B 167 ab. (Parkplatz). Als eigenständige Tour ist dieser Parkplatz an der Bundesstraße auch der Ausgangspunkt. Auf der gegenüberliegenden Straßenseite folgt der Wanderweg schnurgerade etwa 500 Meter dem Siebgraben. Nur wenige Schritte nach Überqueren der Bundesstraße heißt es aufmerksam sein, denn im rechts gelegenen Kiefernwald verbirgt sich eine Graureiherkolonie. Auf der linken Seite sind die Häuschen einer Bungalowsiedlung zu sehen. Den Lettinsee erreicht, folgen wir dem Norduferweg, der unmittelbar am Wasser entlang führt und nur manchmal ein paar Meter in den Wald abzweigt. Neben dem Blick auf den Durchschnitt nur drei Meter tiefen See ist der Baumbestand interessant. Erlen, Eschen, Weiden und sogar Pappeln „begleiten" den Wanderer. Nach etwa 1,5 km führt der Weg bergab an einer Brombeerhecke vorbei nach rechts bis zu einer Schilffläche. Diese versteckt den Verbindungskanal zwischen Lettinsee und dem Kesselsee, dessen Ufer schnell erreicht ist. Ein großer Ameisenhaufen weist uns den Weg nach links Richtung Karlsdorf (geradeaus liegt der PKW Parkplatz am Kesselsee). Wir überqueren den Graben und sind jetzt schon auf dem Rückweg, der zwi-

Napoleoneiche

Freigespülte Baumwurzel in der Teichlandschaft

schen Schilffläche und Waldrand, am Hochstand vorbei, bis zur Staße führt. Karlsdorf, früher ein Ortsteil von Altfriedland, seit 1998 von Neuhardenberg, ist ein kleines Dorf, das seine Existenz vor allem der Fischerei verdankt. Die Chroniken vermelden die Gründung des Ortes 1775 durch den Markgrafen Carl, so daß der Name nicht verwunderlich ist. Wir durchqueren den Ort bis bald rechts ein Schornstein auftaucht, dessen einzige Funktion es ist ein Storchennest zu tragen. Zwischen Ende April und Anfang September dürfte man Meister Adebar hier zu sehen bekommen. Das Storchennest ist nur wenige Meter vom Karlsdorfer Teichgebiet entfernt, was für die Nestbewohner eine ideale Nahrungsgrundlage darstellt. Sieben Teiche sind es insgesamt, die sich zwische Stobberbach und der Staße erstrecken. Sie sind Teil der Ende der 60-er Jahre zur Karpfenzucht angelegten Teichlandschaft. Eine Vogelbeobachtungskanzel macht es möglich Reiher, Störche, Kraniche, Möwen, Kormorane, Gänse u. a. bei der Nahrungssuche zu beobachten. Ein beeindruckendes Erlebnis, sofern man ein Fernglas dabei hat.

Zurück zur Straße sind es einige hundert Meter diese entlang, bis unmittelbar vor der B 167 der Wanderweg nach links abzweigt. Vorbei an der ehemaligen Kiesgrube, die um das Jahr 1970 Material für die Dämme der Fischteiche lieferte, und der Napoleoneiche geht es zum Parkplatz. An der Napoleoneiche muß die Bundesstraße überquert werden, um auf den parallel verlaufenden Damm zurückzuwandern. Die Napoleoneiche, 20 Meter hoch und mit weit ausladender Krone, ist sehenswert. Im Frühjahr 1812 soll der berühmte Korse beim Frühstück darunter gesessen haben. Er war auf dem Weg nach Rußland.

insekten (z. B. Blattlaus). In einem Bau leben bis 100 000 Tiere.

Lettinsee und Kesselsee haben einen Höhenunterschie von ca. 1 Meter. Noch etwas höher liegt der Dolgensee, den man ab dem Kesselsee umwandern kann. (Länge der Strecke ca. 5 km.)

Von Altfriedland nach Neuhardenberg (Wanderung 17)

Altfriedland (Parkplatz an der Klosterkirche)–Hauptstraße–B 167–Stobberbrücke–ehemalige Kasernen– Neuhardenberg
(ca. 6 km, Markierung roter Strich, z. T. ohne)

Im gesamten Stobbertal standen über Jahrhunderte viele Mühlen (→ Vgl. Mühlentour ab S. 73). Die Dammühle wurde schon um 1300 erstmals erwähnt.

Mit dem Abzweig von der B 167 in Richtung Neuhardenberg verlassen wir den Naturpark Märkische Schweiz. Trotzdem sollte ein Besuch von Neuhardenberg in eine Wanderung einbezogen werden.

Der Flugplatz Neuhardenberg war in der DDR-Zeit u. a. Standort der Regierungsflugstaffel.

Start für die Tour nach Neuhardenberg ist wiederum Altfriedland. Nach einem Blick auf die Klosterkirche und einem eventuellen Besuch der interessanten Heimatstube geht es los.

Ab der Kirche folgen wir zunächst dem Weg Richtung Klostersee, um auf der Höhe des Siebgrabens zur B 167 abzuzweigen (→ Vgl. Wanderung 15/16). Vorbei am Parkplatz nach links, immer entlang der Bundesstraße, ist das nächste Ziel die Stobberbrücke. Gegenüber der Straße steht die Napoleoneiche, am Dammweg selbst liegt ein Karpfenteich. Darin schwimmen recht zahlreich einsömmerige „Leckerbissen". Beim Überqueren des Stobbers fällt ein Gedenkstein auf, der an die Dammmühle erinnert, die bis Kriegsende hier stand (1945 gesprengt). Eine sogenannte Fischaufstiegsanlage (Fischtreppe) ermöglicht an dieser Stelle die Wanderung der Fische bachaufwärts. Linker Hand sind die Ausläufer des Kietzer Sees zu sehen, rechts sumpfige Wiesen und Erlenbrüche des Stobbertales. Etwa 300 Meter nach der Stobberbrücke gilt es aufzupassen, um den Wanderweg nach Neuhardenberg nicht zu verfehlen. Direkt am Waldrand (Straße überqueren) biegt ein Fahrweg schnurgerade ab. Nach weiteren ca. 600 Metern ist ein Wegekreuz erreicht. Wir nutzen den zweiten Weg nach links, der wieder völlig geradeaus als Schneise durch den Kiefernwald führt. Nach knapp 2 km Wegstrecke sind die ersten Häuser von Neuhardenberg erreicht.

Unterwegs fallen die großen, teilweise zerfallenen Gebäude auf. Das sind ehemalige Kasernen der Nationalen Volksarmee. Der recht große Militärstandort in Neuhardenberg geht auf den Bau eines Flugplatzes ab 1934 zurück. 1959 wird der Ort – damals hieß er Marxwalde – Garnision der NVA. Die zahlreichen Neubauten (soge-

Im Schloßpark

nannte Plattenbauten) an der B 167 und der Straße nach Wulkow weisen ebenfalls auf die militärische Vergangenheit hin. Hier waren Offiziere und ihre Familien untergebracht. 1992 löste die Bundeswehr den Standort auf.

Doch nun zum Ort selbst, den wir auf Höhe des Sportplatzes erreichen. Wenig später ergibt sich ein schöner Blick auf die ungewöhnliche Dorfanlage. Zwei breite Straßen führen um die markante Kirche. Beiderseits sind Baumalleen angelegt. Mit einem alten märkischem Angerdorf hat dies nichts zu tun, es ist vielmehr das Ergebnis der Neugestaltung durch den Baumeister K. F. Schinkel. Nach einem verheerendem Dorfbrand 1801 bekam er den Auftrag für einen Neuaufbau in klassizistischer Form. Als Gesamtanlage ist dies einmalig in ganz Brandenburg. Einbezogen in diese Neugestaltung waren die Häuser an der Hauptstraße, der Neuaufbau der Dorfkirche (1815–1817) und der Umbau des Schlosses (1820–1822). Auffällig ist die eigenwillige Architektur der Kirche. Angeblich soll sie dem Baumeister später selbst nicht mehr gefallen haben. Auch Fontane übte Kritik: „Der Turm ist ein Kuriosum. Das Ganze sieht nicht nur aus, sondern entspricht auch in den Proportionen, wie wenn man ein ovales Serviettenband auf eine oblong geformte Teebüchse stellt ...“. Vielleicht ein zu hartes Urteil. An der Rückseite des Gotteshauses, das momentan saniert wird, ist die Begräbnisstätte der früheren Besitzer des Ortes, der Familie von Hardenberg zu sehen. 1814 erhielt der preußische Staatskanzler Fürst von Hardenberg das Gut Quilitz, 1815 erfolgte die Umbenennung in Neuhardenberg. Kurios ist die Aufbewahrung des mumifizierten Herzens des Fürsten in der Kirche, die in ihrer klassizistischen Schlichtheit sehr sehenswert ist (am Wochenende und nach Absprache Führung möglich). Neben der Kirche ist das Schloß und das Parkensemble einen län-

Reste des Flugplatzes und der Hangar sind östlich der B 167 zu erkennen.

Schloß Neuhardenberg entstand bereits ab 1763 durch die Familie von Prittwitz. Oberstleutnant von Prittwitz erhielt den Ort von Friedrich den Großen.

Mehrfach wechselte der Ort den Namen. Ursprünglich Quilitz, ab 1815 Neuhardenberg, 1949 Marxwalde, ab 1991 wieder Neuhardenberg.

Schloß Gusow

geren Rundgang wert. Im Jahr 1996 erwarb die Gebäude der Deutsche Sparkassen und Giroverband. Noch ist der Um- und Ausbau nicht völlig vollendet, aber die Schönheit der Gesamtanlage ist zu erkennen. Geplant ist die Nutzung als Fortbildungs- und Begegnungsstätte. Leider wird das Haus nach bisherigen Plänen nicht öffentlich zugängig sein, sodaß nur eine Ausstellung im vorgelagerten Kavaliershaus zu besichtigen sein wird. Diese soll sich mit den Reformen des Fürsten von Hardenberg und dem Widerstand gegen Hitler durch Carl Hans Graf von Hardenberg (Mitverschwörer des Attentates auf Hitler 1944) beschäftigen. Wer zu der älteren und jüngeren Geschichte des Ortes Genaueres wissen möchte, dem sei der Besuch des Heimathauses empfohlen.

„Er will wohl hoch hinaus" soll Friedrich der Große bei einem Besuch den Oberstleutnant von Prittwitz etwas brummig gefragt haben. Das zweistöckig geplante Schloß wurde daraufhin nur einstöckig.

Nicht versäumen sollte man zum Abschluß des Besuches in Neuhardenberg einen Rundgang im schönen Park. Hier steht das erste Denkmal, das zur Erinnerung an Friedrich den Großen errichtet wurde. Für den Rückweg nach Altfriedland gibt es verschiedene Varianten. Entweder den gleichen Weg wie auf der Hintour, die Busverbindung oder durch das Oderbruch. Letztere Variante ist allerdings mit ca. 12 km sehr lang. Sie führt am Orstsausgang von Neuhardenberg (in Richtung Seelow) nach Bärwinkel (ausgeschildert TF = Theodor-Fontane-Tour), Quappendorf, Kietzer See, Altfriedland.

Das Denkmal im Park: ein Säulenstumpf trägt das Relief Friedrichs, ein trauernder Mars umklammert die abgebrochene Säule und eine aufrecht stehende Minerva lehnt sich daran.

Zum Abschluß noch eine Empfehlung. Nur ca. 6 km südlich des Ortes liegt das Dorf Gusow. Ein Besuch des Ortes ist sehr lohnend, denn im sehr schön restaurierten Schloß ist ein privates Museum zur brandenburgisch-preußischen Geschichte untergebracht (u. a. mit Zinnfigurensammlung). Ein Schloßrestaurant lädt zum Verweilen ein (Übernachtung ist möglich). Der Ort ist auch auf einer Wander- bzw. Radtour ab Neuhardenberg erreichbar (Markierung grüner Stich/Schlössertour, ca. 12 km).

Ausgewählte Überblickstouren

Die folgenden drei Touren sollen als Vorschlag dienen, die Region des Naturparkes und dessen nähere Umgebung auf längeren Wegstrecken im Überblick kennenzulernen. Dabei ist das Rad das günstigste Fortbewegungsmittel. Teilstrecken sind auch für Wanderfreunde geeignet, die sich längere Touren zumuten. Einzelziele sind natürlich auch mit dem PKW anzufahren (→ ***Vgl. Karte Umschlagseiten hinten****). Für Radfahrer noch einige Hinweise. So bezaubernd die Landschaft der Region auch ist, schmale, z. T. sandige Wege und Kopfsteinpflaster sind gelegentlich doch recht beschwerlich. Ein durchgängig ausgebautes Radwegenetz gibt es nicht, sodaß einige Strecken auf normalen Wanderwegen oder Straßen zurückzulegen sind. Die Tourenvorschläge sind sehr knapp gehalten, da vieles Wissenswerte bereits in den 17 Wandervorschlägen enthalten ist (entsprechende Verweise/auf Markierungshinweise wird verzichtet).*

Mühlentour (Rad- bzw. z. T. Wandertour)

Buckow–Waldsieversdorf–Dahmsdorf–Münchehofe–Hermersdorf–Lapnower Mühle–Eichendorfer Mühle–Pritzhagener Mühle–Alte Mühle–Buckow (ca. 31 km)

Es ist noch nicht lange her, daß im Gebiet der Märkischen Schweiz fast in jedem Ort eine Mühle zu finden war. Angetrieben durch die Wasserkraft des Stobberbaches oder vom Winde bewegt waren sie typisch für die Landschaft. Mit der Industrialisierung im 19. Jahrhundert setzte das große Mühlensterben ein. Viele sind ganz verschwunden, nur die Namen gibt es noch, z. T. werden sie heute anderweitig genutzt, meist aber blieben romantische und stille Plätze.

Start ist am Bahnhof in Buckow. Zunächst geht es in Richtung Zentrum zum Fremdenverkehrsamt. Dort stand einst die Stadtmühle. Das Mühlrad an der Gaststätte „Stobbermühle“ erinnert noch daran. Über die Bertolt-Brecht-Straße, entlang des Schermützelsees ist es nicht weit bis zur Jugendherberge (→ Vgl. Wanderung 1/2). Ab dem Parkplatz führt ein Radweg parallel zur Straße nach Waldsieversdorf. Am Ortseingang stand

An der Seifertschen Mühle

einst die Priestermühle, heute als Fischerei genutzt (→ Vgl. Wanderung 6). Auf der Höhe der Sonnenuhr führt der Fahrweg zur Seifertschen Mühle. Mühlgebäude, Mühlteich und einige Mühlräder sind noch vorhanden (→ Vgl. Wanderung 8). Einige Meter wieder zurück biegt ein Weg nach Waldsieversdorf ab, dem wir bis zur Bahnlinie folgen. Diese entlang wird der Bahnhof Müncheberg erreicht. Wie in → Wanderung 14 beschrieben, erfolgt die weitere Strecke über den kleinen Ort Dahmsdorf bis nach Münchehofe. Ein Halt am Großen Klobichsee (Badestelle) ist dabei willkommene Abwechslung. Ab der Feldsteinkirche von Münchehofe befahren wir „Neuland". Geradeaus sind es etwa 5 km bis nach Hermersdorf. Kurz vor dem Dorfanger biegt eine asphaltierte, löchrige, aber wenig benutzte Staße in Richtung Dolgensee/Karlsdorf ab. Zuerst durch Felder, bald durch dichten Wald, an kleinen Seen vorbei wird das Stobbertal erreicht. Dort, wo heute das Gebäude der Fischaufzucht steht, befand sich bis 1792 die Lapnower Mühle. Sie belieferte einst die Nonnen des Zisterzienserklosters Altfriedland.

Von hier folgen wir dem nach links abbiegenden Weg in Richtung Eichendorfer Mühle/Buckow. Leider ist die Stecke durch den märkischen Sand etwas beschwerlich. Ab der Eichendorfer Mühle erfolgt der wunderschöne Teil durch das Stobbertal bis zur Pritzhagener Mühle (→ Vgl. Wanderung 5). Nach einer Rast in der gleichnamigen Gaststätte gibt es zwei Möglichkeiten der Fortsetzung. Wer den Mühlen treu bleiben will, fährt zur Alten Mühle (heute Forstwirtschaft bzw. Waldschule) und von dort über den Fontanewanderweg nach Buckow. Landschaftlich sehr reizvoll ist natürlich auch die Alternative vorbei am Großen Tornowsee, der Güntherquelle nach Buckow. (→ Vgl. Wanderung 4).

Zu Herrenhäusern und Feldsteinkirchen (Radtour)

Buckow–Pritzhagen–Reichenberg–Batzlow–Möglin–Reichenow–Ihlow–Bollersdorf–Buckow (ca. 25 km)

Schloß Reichenow

Die nur als Radtour zu empfehlende Strecke (alternativ Anfahrt per Auto) führt durch hübsche Landschaften, kleine romantische Dörfer und zu Guts- und Herrenhäusern und damit durch ein typisches Stück altes Brandenburg. Beginn ist wieder Buckow, diesmal am Fremdenverkehrsamt. Leider ist das Schloß, das nur wenige Meter entfernt im Park stand, ab 1949 abgetragen worden. So erinnert an den schönen Schinkelbau der Familie von Flemming nur noch ein kleiner Erdhügel (→ Vgl. Wanderung 1). Vorbei am kleinen Griepensee nach rechts wird der Stobber erreicht, der zu überqueren ist. Wir sind in der Lindenstraße, an deren Ende das neue Besucherzentrum der Naturparkverwaltung steht. Von dort wieder nach rechts geht es durch schönen Mischwald, entlang des Kleinen und Großen Tornowsees bis zum Haus Tornow (→ Vgl. Wanderung 3/4).

Das Haus entstand 1912 für die Familie von Oppen. Der nicht mehr vorhandene Vorgängerbau, Fontane beschrieb ihn auf seinen Wanderungen, der in unmittelbarer Nähe stand, war im Besitz der Familie von Itzenplitz. Eine Tochter aus diesem Haus heiratete in die Familie von Oppen ein. Bergan auf die Hochfläche führt eine asphaltierte Straße nach Pritzhagen. Heute durch den Pferdehof bekannt, ist die Dorfkirche aus dem 14. Jahrhundert das Bemerkenswerteste an dem kleinen Angerdorf. Auf dem Friedhof liegt eine Gräfin von Itzenplitz begraben. Die Ortsstraße stößt bald auf die Verbindung Buckow–Reichenberg. Reichenberg ist schon gut zu sehen (3 km). Hinter dem Neubaublock, eine typische Erscheinung in vielen märkischen Orten aus der DDR-Zeit, mit der man das Wohnungsproblem lösen, aber auch die neue Zeit dokumentieren wollte, biegt ein Weg zum Gutshaus ab. Das Herrenhaus von 1737 war einst Besitz der Familie von Barfus. Viele Nebengebäude umschließen den großen Hof, doch leider macht alles einen sehr verfallenen Eindruck. Weiter geht es Richtung Batzlow/Möglin. Auf der Strecke ist kein Radweg vorhanden, doch der Autoverkehr hält sich in Grenzen. In Batzlow fällt sofort die hübsche, steinerne Wehrkirche aus dem 13. Jahrhundert auf.

Für den nun folgenden Ort Möglin (ca. 7 km von Reichenberg) sollte man sich etwas mehr Zeit nehmen. Das Dorf war Anfang/Mitte des 19. Jahrhunderts weit über die Grenzen Preußens bekannt. Hier wirkte der Agrarreformer Albrecht Daniel Thaer. 1806 errichtete er eine landwirtschaftliche Akademie. Die Ausstellung im alten Gutshaus, der Park und seine Grabstätte sind sehenswert (Führungen möglich). Einige Meter zurück auf der Hauptstraße biegen wir nach rechts. Die Seitenstraße geht bald in einen Feldweg über (ausgeschildert als Fontanewanderweg), der direkt nach Reichenow führt. Zuerst grüßt die Dorfkirche. Auch dieser Feldsteinbau stammt aus dem 13. Jahrhundert. Um zum Schloß zu kommen, muß der ganze Ort nach rechts durchfahren werden. Doch der Umweg lohnt, den Radler erwartet eine Überraschung. Diesmal ist die Bezeichnung Schloß für das Herrenhaus der Familie von Eckardstein gerechtfertigt. 1897–1900 im Stil der englischen Neogotik erbaut, zeigt es welche Rolle diese Familie in der Gegend spielte. Bis vor wenigen Jahren in sehr schlechtem Zustand, ist es inzwischen hervorragend restauriert und beherbergt ein Hotel, das sich auf Wellness und Gesundheitsurlaub spezialisiert hat. Ein Blick in den Park lohnt, bei einer Rast im Schloß sollte man aber etwas Kleingeld bei sich haben.

Zurück in den Ort Reichenow erfolgt die letzte Wegstrecke nach Ihlow (3 km). Im historischen Ortskern fallen die alten aus Feldsteinen errichteten Schnitterkaten auf. Hier lebten die meist aus Polen kommenden Saisonarbeiter. Direkt dahinter ist das kleine Gutshaus zu sehen, das von großen Wirtschaftsgebäuden umgeben wird. Von 1688–1945 war es Familienbesitz derer von Bredow, einem uralten märkischen Adelsgeschlecht. Idyllisch stehen Bänke am kleinen See, der einst Mittelpunkt des Parkes war. Dahinter liegt die wunderschöne Dorfkirche aus dem 14. Jahrhundert (wertvolle Wandmalereien) mit der zugemauerten Gruft der Gutsherren. Ihlow ist eines der am besten erhaltenen Beispiele für ein brandenburgisches Gutsdorf. Hier scheint die Zeit stehengeblieben zu sein. Am Schloß geradeaus führt ein Feldweg direkt nach Pritzhagen und von dort nach Buckow. Es gibt auch die Möglichkeit, nach ca. 1 km von diesem Feldweg in Richtung Bollersdorf abzuzweigen. Nach 4 km wird die Landstraße erreicht, in die wir nach rechts einbiegen, um bis zum Dorfanger zu fahren. Idyllisch gelegen, wiederum um einen kleinen Teich und die Feldsteinkirche, führt der letzte Abschnitt zum Schermützelsee. Ein herrlicher Blick über diesen, belohnt alle. Steil geht es nun bergab zum Wanderweg rund um den See und von hier ins Zentrum von Buckow.

Von Buckow zum Ökohof nach Garzau (Rad- und Wandertour)

Buckow–Waldsieversdorf–Rotes Luch–Garzau–Garzin–Hasenholz–Buckow (ca. 15 km)

Auf dem Europäischen Fernwanderweg

Der Parkplatz an der Jugendherberge in Buckow ist Ausgangspunkt für die Radtour, die auch als Wanderung zu Fuß denkbar ist, allerdings müssen dabei einige kurze Wegstrecken auf Straßen zurückgelegt werden. Von Buckow aus erfolgt der erste Abschnitt auf dem Radweg bis Waldsieversdorf. Wanderer können den Panoramaweg bis zum Parkplatz Eichdreieck und dann den Fernwanderweg E11 (roter Strich) benutzen. An der Postmeilensäule (→ Vgl. Wanderung 9) müssen etwa 500 Meter auf der Landstraße in Richtung Prötzel zurückgelegt werden. Von hier zweigt nach links der Fernwanderweg E 11 ab (ab hier gleiche Strecke Radler und Wanderer). Vorbei am Naturschutzgebiet Tiergarten und am Rande des Roten Luchs führt der Weg über das Vorwerk Anitz bis nach Garzau.

Ein Abstecher ins Luch zur Wasserscheide Nord-/Ostsee ist eine empfehlenswerte Unterbrechung (→ Vgl. Wanderung 9). Nach ca. 7 km ist Garzau erreicht. Im äußersten Westen des Naturparkes, inmitten einer seenreichen Grundmoränenplatte gelegen, hat das Dorf Einiges aufzuweisen. Gegenüber der Kirche ist seit 1993 der Ökohof entstanden. Was einmal mit 17 Jugendlichen begann, die einen alten Wirtschaftshof umbauten, hat sich zu einem Kleinod entwickelt. Unter Federführung eines Vereins entstand ökologischer Land- und Gartenbau, ein Handwerkerhof, und ein Kinderbauernhof. Traditionelles Handwerk, breite Freizeit-, Sport- und Spielmöglichkeiten und ein uriges Heuhotel sind nur einige Beispiele für die vielfältigen Angebote. Der Ökohof ist auch gut mit öffentlichen Verkehrsmitteln zu erreichen. Vom Bahnhof Rehfelde (Regionalbahn ab Berlin bzw. Strausberg) sind es nur ca. 1 km. Gegenüber erwartet ein ansprechendes Landhotel Gäste. Neben dieser Besonderheit gibt es im Ort auch noch ein Herrenhaus. Es war lange Zeit der Besitz des Grafen von Schmettau. Bevor dieser es 1723 erwarb, gab es schon auf dem Anwesen die Herren von Wulkow, von Pfuel, von Flemming und von

Dorfkirche Garzau

Berger. Der Graf von Schmettau ließ das Haus umbauen und nach damaligem Zeitgeschmack einen Park neu anlegen. Mittelpunkt war die 40 Fuß hohe Pyramide, die sein Grabmal werden sollte. Auch wenn von der Schmettauischen Parkanlage nicht mehr viel zu sehen ist, ein Streifzug durch den Park zur Ruine der Pyramide lohnt sehr (Wandertafel vor dem Herrenhaus). Das große, gelb gestrichene Gebäude kann man jedoch nicht besichtigen, es gehört den Stadtgütern Berlin mbH.

Radler benutzen ab Garzau, vorbei an etlichen neuen Eigenheimen, die Straße bis Garzin. Statt Straßenbäumen stehen auf dieser Strecke Holundersträucher am Wegesrand. Sie wurden neu gepflanzt und sollen der Herstellung von Säften und Naturfarben auf dem Ökohof dienen. Wanderer können ab dem Herrenhaus den ausgeschilderten Weg entlang des Langen Sees (8,2 km, grüner Strich) benutzen. Für Radfahrer ist der schmale Pfad ungeeignet. Am Langen See besteht die Möglichkeit, sich an zwei Badestellen zu erfrischen. Auch in Garzin gibt es einen alten Gutshof mit Parkresten am Haussee. Das Dorf selbst existiert schon seit der Slawenzeit. Am Ortsausgang Richtung Waldsieversdorf (Parkplatz) zweigt ein Feldweg Richtung Hasenholz ab (2 km). Auch dieses etwas abgelegene Dörfchen strahlt Ruhe und Beschaulichkeit aus. Es ist ein typisches Straßendorf. Die Mauern und Gebäude aus behauenen Feldsteinen sind faszinierend. Generationen lang haben sie alle Zeitläufe unbeschadet überstanden. In der Mitte, wie immer eine Feldsteinkirche, die mit einem sparsamen hölzernen Turm versehen ist. Die Kopfsteinpflasterstraße bis zur Hauptstraße verlangt dem Rad Einiges ab. Man sollte versuchen, am schmalen, äußersten Straßenrand zu fahren.

Zurück nach Buckow fahren wir nicht über die Landstraße, sondern überqueren diese von Hasenholz kommend sofort, um auf einem Feldweg zum Schermützelsee zu gelangen. Die steile Buchenkehle hinab und die Fahrstraße entlang des Sees, ist schnell der Parkplatz erreicht (→ Vgl. Wanderung 2).

Auskunft

Überregionale Auskunft in Seelow, Tourismusverband Märkisch-Oderland e. V., PF 28, 13306 Seelow, ✆ 03346/ 150 701

Altfriedland, Heimatstube „Langes Haus", 15320 Altfriedland, ✆ 033476/ 50 957, Öffnungszeiten: nach telef. Absprache

Buckow (Postleitzahl: 15377)
- Fremdenverkehrsamt Märkische Schweiz, Wriezener Str. 1a, ✆ 033433/ 57 500 und 65 982, Öffnungszeiten: April–Okt. Mo–Fr 9.00–12.00/13.00–17.00 Uhr, Sa/So 10.00–17.00 Uhr, Nov.–März Mo–Fr. 9.00–12.00/13.00–17.00 Uhr, Sa/So 10.00–14.00 Uhr
  E-Mail: buckow-tours@t-online.de
- Naturpark Märkische Schweiz, Besucherinformationszentrum Schweizer Haus, Lindenstr. 33, ✆ 033433/ 15 841, Öffnungszeiten: tgl. 10.00–16.00 Uhr (in der Saison Sa/So 10–18 Uhr)

Müncheberg, Stadtinformation, Ernst-Thälmann-Str. 101, 15374 Müncheberg, www.amt-muencheberg.de, ✆ 033432/70 931, Öffnungszeiten: Mo, Do 10–12/13–16 Uhr, Di 10–12/13–18 Uhr, Mi 13–16 Uhr, Fr 10–14 Uhr, Sa/So 13–16 Uhr (von Oktober bis März 13–15 Uhr)

Waldsieversdorf, Fremdenverkehrsbüro, Dahmsdorfer Str. 18, 15377 Waldsieversdorf, ✆ 033433/720, Öffnungszeiten: Di–Sa 9.00–12.00/13.00–15.00 Uhr, So 10.00–12.00/13.00–15.00 Uhr

Gaststätten/Übernachtungen

(Auswahl)

Altfriedland „Zur Wende", Klosterstr. 9, 15320 Altfriedland, ✆ 033476/50 969

Buckow (Postleitzahl: 15377)
- Hotel und Restaurant „Bellevue", Hauptstraße 16/17, ✆ 033433/6480
- Hotel und Restaurant „Bergschlösschen", Königsstraße 38, ✆ 033433/57 312
- Hotel und Restaurant „Buchenfried", Am Fischerberg 9, ✆ 033433/287
- Hotel und Restaurant „Stobbermühle", Wriezener Str. 2, ✆ 033433/66 833
- Kur- und Tagungshotel „Am See", Ringstr. 5–6, ✆ 033433/6360
- Restaurant „Fischerkehle", Am Fischerberg 7, ✆ 033433/374
- Restaurant „Zur Märkischen Schweiz", Hauptstr. 73, ✆ 033433/464

Garzau, Hotel und Restaurant „Landhotel Garzau", Alte Heerstraße 82, ✆ 033435/75 872

Gusow, Hotel und Restaurant „Schloß Gusow", Schloßstr. 7, 15306 Gusow, ✆ 03346/87 25, www.schlossgusow.de

Müncheberg (Postleitzahl: 15374)
- Hotel und Restaurant „Rathauseck", Wasserstr. 1, ✆ 033432/89 185
- Landhotel „Sternthaler", Poststr. 6, ✆ 033432/89 440, www.landhotel-sternthaler.de

Müchehofe (Postleitzahl: 15374)
- Ferienanlage/Pension „Schau ins Land", Seepromenade 1, ✆ 033432/87 37 (nur kleiner Imbiß möglich)
- Campingplatz am Großen Klobichsee, ✆ 033432/ 87 65

Neuhardenberg, Gasthof „Am Zollhaus", Karl-Marx-Allee, ✆ 033476/260

Pritzhagen
- Ferienhof „Pritzhagener Heide", Lindenstr. 14, ✆ 033433/57458
- Gaststätte „Pritzhagener Mühle", ✆ 033433/844

Reichenow, Hotel und Restaurant „Schloß Reichenow", Neue Dorfstr. 1, 15345 Reichenow, ✆ 033437/30 80, www.schlossreichenow.de

Waldsieversdorf (Postleitzahl 15377)
- Gaststätte „Ferienpark am Däbersee", Dahmsdorfer Str. 59, ✆ 033433/448
- Gasthaus „Vogelsangklause", Am Vogelsang 3, ✆ 033433/722

Museen/Ausstellungen/Tiergärten

Altfriedland, Heimatstube „Langes Haus“, Hauptstr. 23, ✆ 033476/50 957

Buckow (Postleitzahl: 15377)
- Brecht-Weigel-Haus, Bertolt-Brecht-Str. 30, ✆ 033433/467, Öffnungszeiten: April–Okt. Mi–Fr 13–17 Uhr, Sa/So 13–18 Uhr, Nov.–März Mi–Fr 10–12/13–16 Uhr, Sa/So 11–16 Uhr (thematische Führungen auch außerhalb der Öffnungszeiten nach vorheriger Absprache)
- Naturpark Märkische Schweiz, Besucherinformationszentrum Schweizer Haus, Lindenstr. 33, ✆ 033433/15 841, Öffnungszeiten: siehe Auskunft
- „Drei Eichen“, Besucherzentrum für Natur- und Umwelterziehung, Königsstr. 62, ✆ 033433/201, www.dreichen.de
- Kleines Eisenbahnmuseum, Bahnhof Buckow, Bahnhofstr. 1, ✆ 033433/57 115
- Galerie „Zum Alten Warmbad“, Wriezener Str. 1 a, ✆ 033433/57 500

Garzau, Ökohof, Alte Heerstraße 82, 15345 Garzau, ✆ 033435/75 773, Öffnungszeiten: Mai–Okt. 8–18 Uhr, Nov.–April 8–16 Uhr

Gusow, Museum für brandenburgisch-preußische Geschichte, Schloßstr. 7, 15306 Gusow, ✆ 03346/87 25, Öffnungszeiten: April–Okt. 10–18 Uhr, Nov.–März Di–Fr 10–17 Uhr, Sa/So 10–18 Uhr

Möglin, Fördergesellschaft Albrecht Daniel Thaer (Ausstellung), Hauptstr. 19/20, 15345 Reichenow-Möglin, ✆ 033456/35 164, Öffnungszeiten nach vorheriger Anmeldung: Mai–Sept. Di–Fr 9–16 Uhr, Sa/So 10–16 Uhr, Nov.–April Di–Fr 9–16 Uhr

Müncheberg (Postleitzahl: 15374)
- Naturkundlicher Tiergarten, Tempelberger Weg 16, ✆ 033432/89 856
- Ständige stadtgeschichtliche Ausstellung im Torwächterhaus am Berliner Torturm, Ernst-Thälmann-Str. 101, 15374 Müncheberg, ✆ 033432/70 931, Öffnungszeiten s. Auskunft
- Stadtpfarrkirche (Ausstellung und Turmbesteigung), Ernst-Thälmann-Str. 52, ✆ 033432/82 374

Münchehofe, Waldschule „Alte Mühle“, Buckower Str. 12, 15374 Hermersdorf-Obersdorf, ✆ 033433/56 719 (bitte telefonisch anmelden)

Neuhardenberg, Heimathaus, Karl-Marx-Allee 97, ✆ 033476/50 430

Waldsieversdorf, Heimatgeschichtliche Ausstellung, Dahmsdorfer Str. 18, ✆ 033433/720, Öffnungszeiten s. Auskunft

Busverkehr (Nahverkehr)

(Auskunft: ✆ 03341/478 322)
- Buckow–Müncheberg über Waldsieversdorf, Linie 928, Fahrzeiten: Mo–Fr von 5.40–21.05 Uhr alle 25 Minuten, Sa–So von 7.05–20.05 Uhr alle 25 Minuten, Fahrzeit 20 Minuten (mit Anschluß an die Regionalbahn am Bhf. Müncheberg Strecke: Berlin-Lichtenberg–Küstrin)
- Müncheberg Bahnhof–Zentrum Müncheberg, Linie 939, Fahrzeiten alle 25 Minuten als Anschluß an Linie 928

Schiffahrt

Buckow (Postleitzahl: 15377)
- Seetours Märkische Schweiz Rundfahrten Schermützelsee, Bertolt-Brecht-Str. 11, ✆ 033433/232

Angeln (Fischereischein erforderlich)

Altfriedland, Angelparadies, Hauptstr. 1, 15320 Altfriedland, ✆ 033476/50 951

Waldsieversdorf, Märkischer Fischereibetrieb, Wilhelm-Pieck-Str. 13, 15377 Waldsieversdorf ✆ 033433/363

Flugplatz/Rundflüge

Eggersdorf (b. Müncheberg), Am Fluplatz 4, 15374 Eggersdorf-Siedlung, ✆ 033432/312